엄마도
꿈을 이룰 수
있습니다

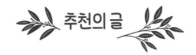

추천의 글

누구나 가슴 속에 별을 품고 산다. 육아의 터널을 지나 자신부터 돌보며 자기만의 별을 찾아가는 작가의 여정이 흥미롭다. 당장 무엇을 하라고 다그치는 조련사가 아닌, 따뜻한 손길을 내밀며 '함께 하자'는 친구 같은 작가의 제안이 이 책을 읽는 이들에게 부드러운 자극이 될 것이다.

「고전명언 마음수업」 저자, 아레테 인문 아카데미 대표 임성훈

흔들리고 넘어지며 얻게 된 현주 님의 꿈 이야기가 내 가슴 속에 묻어 둔 꿈을 일으킵니다. 엄마라는 이름은 나를 다시 꿈꾸게 만듭니다.

「오늘도 아이와 함께 출근합니다」 저자, 두 딸의 엄마 장새라(30대)

잔잔하지만 묵직한 위로를 전하는 작가님의 이야기가 가슴을 울린다. 엄마라서, 엄마이기 때문에 공감할 수 있는 이야기들. 그리고 엄마라서 내 볼 수 있는 용기. 그 위로와 용기가 나를 고전과 아침일기의 시간으로 안내한다. 참 감사한 책이다. 대한민국 엄마들의 자기계발서로 강력히 추천한다.

5학년 딸, 2학년 아들의 엄마 양송희 (40대)

엄마여서 힘들지만, 엄마여서 꿈꿀 수 있도록 용기를 주는 책을 만났습니다. 이 책을 읽으며 엄마인 또 다른 나를 공감해주고 존중해줄 수 있는 값진 시간을 경험할 수 있었습니다.

5학년, 4학년 아들을 키우는 슈퍼맘 이보람 (40대)

멈추지 않고 도전하며 메신저의 삶을 살아가는 조현주 작가님 두 번째 책! 누구든지 이 책을 읽으면, 꿈쟁이가 되리라 확신한다. 아이와 함께할 수 있는 책 읽기 방법부터 마음 챙김 필사 방법까지 작가의 따뜻한 응원이 담겨있다.

8살 아들의 엄마이자 「하루 15분 우쿨렐레의 힘」의 저자 김유진

엄마라서 포기하지 않고, 엄마여서 새벽에 깨어있는 나를 응원해주는 책.

6학년 딸, 3학년 아들과 사는 금손 엄마 김정국 (40대)

그녀가 나에게 와서 툭 내뱉고 가는 것 같다 "명찰을 바꿔 달아야 할 때에요"라고...♡♡의 엄마에서 나의 이름 ♡♡♡로~

아들, 딸의 엄마이자 마을교육활동가 이미화 (40대)

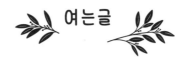

여는글

"내가 무엇을 좋아하는지 모르겠어요."
"이 일을 계속해야 하는지 누구한테 물어보고 싶어요."
"어떻게 선생님은 매일 그렇게 즐겁게 사세요?"

한숨 섞인 하소연을 쏟아내는 지인의 질문에 순간 멈춰버렸다. 매일 열심히 사는 그였기에, 그런 마음을 가지고 있었는지 예상하지 못했다. 그 답답한 심정을 토로하는 표정에서 10년 전, 나의 모습이 보였다.

내 품에서 잠든 아이를 내려다보며 평온한 미소를 지었다. 동시에 불안한 마음이 올라오는 것을 느꼈다. 한 아이를 안고 있느라 아무것도 하지 못하고 멈춰있는 나의 상황이 반복되고 있었다. 너무나 소중하고 중요한 일이었지만 마음 한쪽에서는 늘 바람이 불었다. 매일 반복되는 일과를 보내며 아이를 키우는 엄마만 있었다. 나는 없었다.

"엄마는 커서 뭐가 될 거예요?"

어린이집에 다녀온 아이가 던진 질문에 나는 곧바로 대답할 수 없었다. '내가 뭐가 될 수 있을까? 다시 꿈꾸는 것이 가능할까?' 물 끄러미 아이만 바라보며 생각에 잠겼다. 하지만 그 시간이 그리 길지 않았다. 끝없이 엄마를 찾는 아이의 요구에 응답해야 했기 때문이다. 나에 대해 떠올릴 수 있는 시간은 그토록 짧았다. 그리고 금세 잊혔다.

잠투정으로 한바탕 울음을 쏟아낸 아이가 겨우 잠든 시간, 한숨과 함께 집안에는 정적이 흘렀다. 몸은 이미 지쳤지만, 그냥 잠들고 싶지 않았다. 내 자유시간을 그냥 흘려보내고 싶지 않았기 때문이다. 하지만 늦은 시각, 집에서 할 수 있는 일은 많지 않았다. 게다가 뒤척임으로 엄마를 찾아 우는 아이를 다시 재우려면 언제든 아이 방으로 달려 들어갈 준비를 하고 있어야 했다. 이 불안한 일상에서 나의 시간은 너무나 절실했다.

막연한 불안함을 해소한 것은 거실에 아무렇게나 펼쳐져 있던 그림책이었다. 아이들과 함께 뒹굴면서 읽고 그대로 펼쳐놓은 그림책에 눈길이 갔다. 그저 책꽂이 제자리에 정리하기 전에 몇 장 넘겨본 것이 시작이었다. 그림책에는 아이와 함께 읽을 때와는 다른 장면이 있었다. 정신없이 넘기던 그림책의 마지막 페이지에는 나를 다독이는 문장도 있었다. 잠시의 순간이었지만 편안했다. 나도 모르게 미소짓고 있었다. 거실 이곳저곳에 펼쳐진 그림책을 넘겨보던 나는 고개를 들어 시계를 보았을 때 깜짝 놀랐다. 1시간이 훌쩍 흘렀기 때문이다.

'그림책이 참 재밌다!'

그림책이 좋았다. 아이들과 읽었던 그림책이 나를 응원하고 위로했다. 그렇게 시작된 나의 그림책 사랑은 도서관의 '엄마표 독서지도' 수업으로 이어졌고, '그림책 지도사' 자격 과정을 이수하고 그림책 감정코칭까지 이어졌다. 하나하나 배워가면서 두근거렸다. 조금씩 알아가면서 더 알고 싶었다. 내가 좋아하는 것으로 달려드는 그 시간은 나에게 놀이시간이었다. 내 곁에서 성장하는 아이와 함께 놀 수 있으니 더더욱 좋았다. 아이도, 나도 함께 행복했다.

나는 그림책을 통해 내가 좋아하는 것을 해야 행복하다는 것을 알게 되었다. 이렇듯 내가 좋아하는 것은 그 누구도 대신 찾아주지 않는다. 직접 내가 찾고 시도하면서 하나씩 알아가야 한다. 그 이후, 나는 다양한 방법으로 내가 좋아하는 것을 찾기 시작했다.

나의 시간을 찾기 위해 새벽에 일어났고, 책을 읽었다. 감사일기를 쓰고 고전 필사도 했다. 물론 내가 좋아하는 그림책도 읽고, 필사하며 떠오르는 생각도 적어보았다. 그 시간으로 흔들리는 나의 마음에 평안이 찾아왔다. 그렇게 시작하는 하루는 어떤 일이 일어나도, 다 괜찮았다. 나의 시간을 가진 딱 그만큼 마음이 단단해졌기 때문이다. 그러니 매일매일 나를 위한 시간을 먼저 만들었다. 그 시간에 나는 나를 다독이고 나의 꿈을 새롭게 꾸었다. 그리고 난 작가가 되었다.

"날마다 꿈꾸고 함께 성장하기."

내가 꿈꾸고 아이와 함께 엄마도 성장하는 과정을 책으로 엮었다. 한숨 섞인 하소연을 들으며 힘들어하는 분들의 손을 잡고 하나씩 알려드리고 싶은 마음까지 차곡차곡 담았다.

1장에는 초보 엄마의 실수투성이 육아와 우울하고 답답했던 나의 마음을 적었다. 아빠도, 엄마도 너무 부족하기만 했던 내 14년의 육아 경험은 아이를 키우는 부모님들의 마음을 어루만지는 시간이 될 것이다. '나만 힘든 것이 아니구나!'라고 공감하게 될 것이다.

2장은 꿈을 향해 한 걸음씩 다가서는 내용을 담았다. 내가 좋아하는 것을 찾고, 나에게 필요한 공부를 위해 돈을 쓰면서 배우고 익히는 과정이 그려진다. 그 과정에서 내가 좋아하는 것이 명확해지고, 꿈을 그리는 시간이 되었다. 2장을 통해 엄마들이 꿈을 꾸는 그 출발점에 도움이 되길 소원한다.

3장은 나 자신을 키우는 구체적인 방법을 제시했다. 언제, 어디에서, 어떻게 나 자신을 알아차리고 보듬고 성장할 수 있는지 읽으면서 바로 실천할 수 있도록 작성했다.

4장은 내가 첫 책으로 작가가 된 이후의 경험과 사례를 담았다. 꿈을 명확히 하고 실제로 이뤄낸 후 더 많은 것을 나눌 수 있다는 것을 알았다. 메신저로서 더 큰 꿈을 향해 나아가는 과정을 이야기한다.

5장은 엄마가 꿈을 향해 함께 성장할 수 있는 방법을 나눈다. 동아리 활동의 시작과 과정을 자세하게 언급하며 혼자가 아니라 함께 꿈을 찾아가는 경험을 구체적으로 제시했다.

6장은 '마을 학교'를 사례로 엄마가 꿈을 향해 함께 성장하는 방법을 이야기한다. 마을 학교 대표로 활동하면서 배우고 느낀 것을 나누고, 다른 엄마들과 함께 꿈을 꾸는 행복한 시간을 언급했다.

나도 매일 흔들린다. 불안하고 두려운 마음을 들여다보고 알아차리느라 매일 고군분투다. 그런 불안 속에서도 평안을 찾고, 꿈을 꾸고 이뤄내는 과정은 나를 성장시킨다. 나도 했으니 이 글을 읽는 당신도 할 수 있다. 이제 혼자가 아니라 나와 함께하면 된다.

함께 성장하고 꿈꾸는 과정에서 세상에 단 하나뿐인 나만의 꿈을 발견하게 될 것이다. 아이만 키우지 말자. 나도 함께 클 수 있다. 꿈을 꾸는 세상의 모든 엄마에게 내 작은 사랑을 보낸다.

목차 contents

1장 독박육아 10년, 나를 구해줘!

2장 엄마는 꿈이 뭐예요?

엄마에서 작가로,
그리고 마을 학교 대표로 사는 이야기

엄마도
꿈을 이룰 수
있습니다

엄마도
꿈을 이룰 수
있습니다

독박육아 10년, 나를 구해줘!

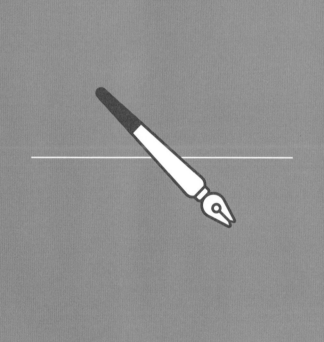

20층 우리 집,
세상에서
제일 높은 감옥?

"코로나19 바이러스 때문이야! 놀이터에 나가서 놀고 싶단 말이야! 친구랑 같이 놀고 싶어. 나가면 안 돼? 엄마, 엄마, 딱 한 번만!"

아이의 외침이 처절하다. 코로나19 바이러스는 아이의 일상에서 놀이터를 빼앗아버렸다. 마음대로 나갈 수 없다는 선고는 아이에게 너무나 큰 고통이었다. 아이는 괜스레 거실과 방을 오가며 심통을 부렸다. 나중에는 베란다에 나가서 사람들이 오고 가는 모습을 지켜보고 있었다. 그 뒷모습이 짠했다.

2009년 5월, 나는 한 아이의 엄마가 되었다. 초보 엄마의 고군분투가 적응기에 들어서는 그해 가을, 신종플루가 세상을 덮쳤다. 새로운 병은 모르는 것 그 자체가 두려움이었다. 우선, 사람들이 모이는 곳은 피해야 했다. 아니 우리 부부는 외출을 자제하는 것이 좋다고 결론을 내렸다. 내가 아니라 어린아이의 생명과 연결된 일이니, 타협의 여지가 없었다. 나는 당연하다고 생각했고, 대수롭지 않게 여겼다.

하지만 그게 아니었다. 집 밖을 나가지 못한다는 생각은 나를 옥죄었다. 안 그래도 외출 횟수는 많지 않았다. 아이를 데리고 나서려면 아기 띠부터 기저귀 가방까지 준비해야 할 것이 많았다. 나는 우는 아이의 옷을 갈아입히며 실랑이를 벌이다 외출을 포기하기 일쑤였다. 그렇게 보낸 백일이었는데 이제는 그것마저도 시도하지 못한다고 생각하니 답답했다. 숨쉬기가 힘들 지경이었다.

도돌이표 육아가 계속되었다. 아이는 제 시간표에 맞춰서 먹고 울다가 잠들었다. 나는 아이를 먹이고 우는 아이를 안아서 달래고 아이가 잠들면 멍해졌다. 시간이 지나도 능숙하게 해내지 못하는 내가 미웠다. 동시에 아이에게 미안하다는 생각은 점점 커졌다.

이 아이를 잘 키워낼 수 있을지 불안하기만 했다. 아이가 잠든 시간, 몸은 너무 피곤한데 정작 잠은 오지 않았다. 그러면 나는 베란다로 갔다. 창을 열어 바람을 맞다가 팔을 걸치고 아래를 내려다보곤 했다. 20층에서 내려다본 땅에서는 사람들이 각자의 걸음으로 집 앞을 지나가고 있었다. 다들 각자의 목적지로 향하는 경쾌한 발걸음이었다. 콧노래도 들리는 듯했다. 나는 20층 위에서 이대로 멈춰있는데 말이다. 감옥이 따로 없었다.

내가 산후우울증이었구나!

이 무렵부터 나는 몸과 마음에서 여러 가지 신호를 느꼈다. 그때는 수많은 증상이 한꺼번에 몰아쳐서 이유를 찾지도 못했다. 아니 이유를 찾으려는 생각도 하지 않았다. 아무런 이유 없이 불안하고 눈물이 났다. 식욕이 없고 죄책감을 느꼈다. 잠도 제대로 이루지 못했다. 산후우울증이 원인이었다.

산후우울증은 출산 후 4주 사이에 심해지는 우울감과 이로 인한 증상이다. 이는 산후 에스트로젠, 프로게스테론 등의 갑작스러운 호르몬 변화와 출산 및 육아 스트레스 때문에 나타나는 것이다. 산후우울증은 육아에서 오는 스트레스, 어머니 역할에 대한 중압감, 고부 갈등, 부부 갈등 등의 심리적인 요인으로 인해 발생하는 것이었다.

나는 원인도 모르고 끙끙 앓았다. 심리적인 요인들이 크게 작용했다는 것을 느낄 수 있었다. 두려움과 불안, 그리고 엄마 역할에 대한 중압감이 너무 컸다. 하지만 혼자 노력한다고 쉽게 극복할 수 있는 것이 아니었다. 가족의 협력이 중요한 상황이었다. 무엇보다 남편의 역할이 매우 중요했다. 하지만 남편도 나처럼 초보 아빠였다.

남편이 퇴근할 저녁 6시 무렵이면 아이는 벌써 잠투정을 시작하고 있었다. 배고픔과 졸음이 한꺼번에 몰아친 아이는 숨넘어갈 듯 큰 소리로 울었다. 나는 저녁 어스름이 내리기 시작하면 잠투정을 하는 아이를 두 시간씩 달래야 했다. 그러니 퇴근하는 남편은 방긋방긋 웃는 아이보다 늘 울고 있는 아이와 만나야 했다. 아기자기하고 예쁜 신혼살림으로 꾸몄던 거실은 이미 기저귀와 물티슈 그리고 아이의 장난감으로 어수선하기만 했다.

"도대체 아이는 왜 이렇게 많이 우는 거야? 어디 아픈 거 아니야?"
"매일 그렇게 달래는데도, 그렇게 오래 걸리는 거야?"
"언제 편하게 저녁을 먹었는지 모르겠다."

남편의 푸념 섞인 말이 날카롭게 들렸다. 남편은 단 한 번의 하소연이었지만 내 귓가에서는 백 번도 넘게 반복되었다. 그 모든 것이 내 잘못인 것 같았다. 육아도, 살림도 그 무엇 하나도 제대로 하지 못한다고 스스로 자책하는 시간이 길어졌다. 헤어나올 수 없는 시간이 그렇게 흘러갔다.

우울증을 극복한 공감의 힘

20층, 적응하지도 벗어나지도 못하는 그곳에 햇살이 드는 순간도 물론 있었다. 그 순간은 바로 친정엄마의 방문이었다. 엄마는 들어서자마자 아이부터 건네받았다. 그리고 능숙하게 아이를 포대기에 엎고, 주방으로 향하셨다. 아이를 재우며 밀린 집안 살림까지 척척 하셨다. 그러면서 나와의 대화도 거침없이 이어가셨다. 진짜 전문가다운 엄마의 모습이었다.

"어쩌자고 아이를 계속 이렇게 안고 있는 거야. 손목 아파서 어쩌니..."
"어젯밤에는 좀 잤어? 밤에는 몇 시간마다 먹이고 있니?"
"밥부터 먹어. 네가 먼저 잘 먹어야 해. 밥 먹고 엄마랑 커피도 마시자."

엄마는 두 손 바쁘게 설거지를 하시며 나를 다독이셨다. 엄마의 말 한마디 한마디가 나를 쓰다듬었다. 얼마나 힘든지 말하지 않아도 다 안다는 표정이셨다. 경험한 사람만이 알 수 있는 공감이었다. 공감! 이것이 바로 내게 필요한 것이었다. 그 따스한 말과 끄덕임 그리고 등을 쓰다듬는 손길이 지금도 느껴진다. 진심 어린 공감의 힘은 10년이 훌쩍 지난 지금도 나를 포근히 감싸고 있다.

힘들면 힘들다고 말하자. 그리고 주변에 도움을 요청하자. 그래도 괜찮다. 한 아이를 키우는 것은 엄마만의 몫이 아니다. 배우자와 가족의 협력이 절실하다. 나는 아무것도 제대로 하지 못해내는 왕

초보 엄마가 아니다. 한 생명을 열 달 동안 품어서 세상에 태어나게 한 위대한 엄마다. 그 장한 일을 과소평가하지 말자. 내 안에 그러한 힘이 있다는 것을 기억하자. 그리고 자신을 아끼고 응원하자.

노자는 「도덕경」에서 "나를 알아주는 이가 드물다는 것은 곧 내가 귀한 것이니, 이 때문에 성인은 베옷을 걸치고도 옥을 품고 있다"라고 말했다. 이는 남들이 알아주지 않아도 자신을 귀하게 여기고 자부심을 가져야 한다는 뜻이다. 나는 귀한 사람이다. 다른 사람이 함부로 판단하고 비판하도록 내버려 두지 말자. 지금 내가 할 수 있는 것을 나만의 방법으로 하면 된다. 나를 잃어버리고 울기만 하던 내가 웅크린 마음을 펼치며 조금씩 시도한 나만의 방법은 3장과 4장에서 하나씩 소개하려고 한다.

"이 글이 당신을 쓰다듬는 포근한 손길이 되길 소원한다. 누구보다 귀한 당신이 자신이 만든 감옥에서 하루빨리 벗어나 평안하기를…"

매일 밤
자는 아이를 보며
"엄마가 미안해"

나는 도깨비 엄마다. 불같이 화를 내는 나의 모습을 보며 우리 아이가 붙여준 별명이다. 아이를 키우며 느낀 나의 새로운 감정은 화였다. 내 안에 그렇게 많은 분노가 있었는지 나도 몰랐다. 조절되지 않는 화 때문에 너무 힘들었다.

첫째가 세 살 무렵, 조리원에서 만난 지인이 문화센터를 추천했다. 일주일에 단 하루였다. 버스를 타고 이동해야 하는 거리라 고민이 되었다. 하지만 아이가 또래의 아이를 만날 좋은 기회였다. 그래서 '함께 하자' 마음먹고 등록을 했다. 수업 첫날부터 험난한 여정이 시작되었다. 아기 띠를 하고 버스를 탔더니 아이는 이내 내 품에서 스르르 잠들었다. 푹 자고 일어나 수업에 참여하면 될 거라는 예측은 그대로 빗나갔다. 잠시 잠이 들었다가 깨어난 아이는 새로운 장소에서 얼음이 되어버렸다. 내 품에서 떨어지려고 하지 않았다.

첫날은 그렇게 내 품에 안겨 다른 친구들이 노는 것을 구경만 하다가 40분이 지나갔다. 한숨이 나왔다. 이렇게 아이를 안고만 있으려면 왜 버스까지 타고 나왔을까 싶었다. 그래도 적응을 하면 괜찮을 것이라는 기대가 있었다.

두 번째 시간, 나의 기대는 완전히 무너졌다. 아이는 좀처럼 내게서 떨어질 생각이 없었다. 더 꼭 나를 끌어안았다. 호기심 가득한 얼굴로 선생님과 아이들을 바라보는 것이 다였다. 있는 힘껏 나를 안고 봄을 틀어 친구들을 보고만 있는 아이가 미웠다. 다른 아이들처럼 넓은 공간을 마음껏 뛰어다니며 놀았으면 하는 마음에 억지로 품에서 떼어놓기도 했다. 하지만 결과는 같았다. 소스라치게 놀라며 나에게 달려들며 울었고, 돌려서 밀어내면 더 크게 울었다. 시간과 돈이 너무 아까웠다. 그래서 또 화가 났다.

나는 왜 그렇게 화가 났을까? 첫째는 긴장감이 높은 아이였다. 새로운 환경에 적응하려면 다른 아이보다 더 많은 시간이 필요했다. 그때는 그것을 알지 못했다. 우리 아이가 다른 아이처럼 신나게 놀지 못하는 것이 그저 답답할 뿐이었다. 열심히 준비해서 여기까지 왔는데 나에게만 붙어있는 아이를 보니 화가 났다. 아이의 기질을 파악하지 못한 데다 엄마의 어긋난 기대까지 더해진 꼴이었다.

나의 화는 고스란히 아이에게 전해졌다. 그런 날은 평소보다 잠투정이 더 길어지곤 했다. 울다 잠든 아이를 재우고 가만히 아이를 내려다보았다. 곤하게 잠든 아이를 보고 있으니 낮 동안 긴장했던 아이의 얼굴이 떠올랐다. 이러지도 저러지도 못하고 있는 힘껏 나를 붙잡고 있었던 아이가 보였다. '그게 뭐라고 그렇게 아이를 울렸을까... 그저 놀러 간 것뿐인데...' 미안했다. 아이를 억지로 떼어내려고 했던 행동이 후회되었다. '얼마나 두려웠을까? 얼마나 불안했을까?' 나도 모르게 눈물이 흘렀다. 모든 것이 내 탓이었다. 서툰 엄마라서 또 미안했다.

큰아이에게 새롭고 극적인 환경이 또 한 번 덮쳤다. 바로 동생의 탄생이었다. 2012년 3월, 첫째는 어린이집에 다니기 시작했다. 그것만으로도 아이의 세상에는 커다란 변화였다. 엄마라는 세상에서 벗어나 새로운 어른과 만나야 했기 때문이다. 또, 또래의 친구들과도 소통하는 것을 배워야 했다. 하지만 나는 아이의 어린이집 적응기에 둘째를 임신하고 있었다.

임신 초기, 하혈을 시작한 나는 일주일 내내 누워만 있어야 한다는 의사 선생님의 처방을 받았다. 처방을 받은 시기는 아이가 난생처음 등원을 하는 3월 첫 번째 주였다. 아이는 엄마의 손이 아니라 할머니의 손을 잡고 어린이집에 등원했다. 나는 불안한 눈으로 할머니의 품에 안겨 현관을 나서는 아이를 누워서 바라보기만 했었다. 안아주지 못하는 것이 그렇게 속이 상했다. 울며불며 현관을 나서는 날도 있었다. 길고 힘든 일주일이었다.

시간은 부지런히 흘렀다. 첫째는 어린이집 적응기를 거쳐 4세 반에 무사히 등원했다. 둘째도 배 안에서 무럭무럭 자랐다. 그사이 나는 누구보다 더운 여름을 보냈고, 2012년 10월 8일, 둘째가 세상에 태어났다. 나는 이제 두 아이의 엄마가 된 것이다. 또 다른 두려움이 몰려왔다. 한 아이의 엄마로 사는 것도 아직 적응 중이었는데 두 아이를 품에 안아야 한다니... 잘 할 수 있을지 막막하기만 했다.

산후조리원을 나와 아이를 안고 우리 집 거실에 들어섰을 때, 그 두려움은 현실이 되었다. 첫째 아이에게 맞춰졌던 일상을 다시 조정해야 했다. 큰아이의 장난감 자리에 신생아 용품들이 놓였다. 기저귀와 손수건, 물티슈와 손 싸개가 내 손 닿는 거리에 있어야 했기 때문이다. 그 모든 것들이 첫째에게는 그저 신기한 물건들이었다. 자연스럽게 가까이 다가섰고 만지고 싶어 했다. 하지만 어른들은 아무것도 허락하지 않았다. 신생아를 위한 용품들은 깨끗하게 보관하고 사용해야 했기 때문이다. 첫째는 안된다는 소리를 끊임없이 들어야 했다.

나는 왜 그렇게 안 된다고만 했을까... 동생의 물건들을 만져보게 하고 설명해주면 되었을 텐데... 온 신경이 작은 생명에게 집중된 나는 큰아이를 배려하지 못했다. 그 아이도 아직 어린아이라는 것을 깨닫지 못한 것이다. 그런데 그 어린아이를 혼자 있게 하는 시간도 늘었다. 바로 둘째의 낮잠 시간이었다. 내가 칭얼거리는 아이를 안고 안방으로 들어서면 첫째는 혼자서 거실에 있어야 했다. 나는 아이가 좋아하는 장난감을 꺼내 주고, 텔레비전을 보게 했다. 동생을 재우고 나오겠다는 설명도 잊지 않았다.

하지만 아이는 둘째가 거의 잠들어 나의 품에서 내리고 있을 무렵이면 어김없이 안방 문을 벌컥 열었다. 그 소리에 당연히 아기는 눈을 번쩍 떴다. 동시에 나의 화도 불같이 솟아올랐다. 조절하지 못한 내 안의 화는 모두 첫째에게 쏟아졌다. 나는 소리를 지르고 자리에서 쿵쿵 뛰었다. 혼자 있는 것이 무서워 엄마를 찾아온 아이를 번쩍 안아 또 안방 밖으로 쫓아냈다. 안방 문을 사이에 두고 두 아이가 모두 울었다. 나도 울었다.

그 무렵으로 기억된다. 첫째가 손톱을 물어뜯기 시작한 것은 동생이 태어난 시기와 맞물린다. 나와 떨어진 긴장과 불안을 해소할 수 있는 것이 필요했던 아이는 손톱을 물어뜯었다. 양 손톱이 뭉툭해져 뜯을 것이 없으면 발까지 끌어당겼다. 안쓰러웠다. 그런데 나의 행동은 아이의 손톱 뜯기를 반복하게 했다. 머리는 무조건 안아 줘야 한다고 생각하면서 말은 거칠게 쏘아붙였다.

"하지 말라고 했잖아! 또 뜯고 있어! 도대체 왜 그러는 거야?"

나의 큰 목소리에 움찔거리며 놀란 아이는 잠시 행동을 멈추었다. 하지만 혼자가 되면 이내 다시 손톱을 뜯기 시작했다. 첫째의 손톱 뜯기 습관은 열네 살이 된 지금도 남아 있다. 뭉툭해진 손을 보면 그렇게 미안할 수가 없다. 내 손만큼 자란 아이의 손을 잡고 다른 손으로 아이의 손등을 쓸어내린다. 지금도 엄마와의 스킨십이 너무 좋은 아들은 커다란 머리를 내 가슴팍으로 밀어 넣는다. 나는 아이의 머리를 쓰다듬고 쓰다듬으며 때늦은 미안함을 전한다.

"아들, 엄마가 미안해."

"엄마, 갑자기 뭐가 미안해요?"

"우리 아들 손톱 보면 엄마는 눈물이 나. 엄마 때문인 것 같아서."

"에이, 아니에요. 안 그러려고 하는데 잘 안 돼요. 엄마, 죄송해요."

도리어 내게 죄송하다고 하는 아이를 다시 끌어안는다. 과거의 서툰 엄마가 안아주지 못한 것까지 보상하고 싶은 마음을 더해 더 꼭 안는다. 이제 나만큼 커버린 아이는 엉거주춤 내 품속으로 파고든다. '이렇게 엄마 품을 좋아하는 아이인데…'

임성훈 작가는 「하루 한 줄 심리 수업 365」에서 누군가에게 선뜻 사랑한다는 말을 꺼내기 어려운 이유는 거부당할지도 모른다는 두려움 때문이라고 했다. 그리고 용기 있는 자가 사랑을 표현한다고 말했다. 슬프면 슬프다, 속상하면 속상하다, 미안하면 미안하다고 말하자. 용기 있는 부모가 진정한 사랑을 표현할 수 있다. 처음부터 완벽한 부모는 없다. 아이가 자라면서 부모도 함께 성장한다. 실수하고 상처를 주면서 그렇게 부모가 된다.

지금이라도 늦지 않았다. 아이에게 미안하다고 말하자. 상처 주어서 미안하다고, 너무 많이 울려서 미안하다고, 혼자 두어서 정말 미안했다고 말이다. 아이에게 미안하다고 이야기하면서 나를 용서하자. 반성하고 있는 나를 안아주자. 괜찮다. 오늘도 우리는 내 아이에게 꼭 알맞은 부모로 성장하는 중이다.

독박 육아 10년, '나'는 실종되었다

"엄마~"

길을 걷다가도 아이가 엄마를 부르는 소리가 들리면 무심코 돌아본다. 엄마는 이제 내게 익숙한 단어가 되었다. 아니 나의 진짜 이름보다 더 많이 불리는 호칭이 되었다. 마음보다 몸을 먼저 움직이게 하는 단어, 엄마. 하지만 처음부터 엄마로 태어나는 사람은 없다.

2008년 9월, 나는 엄마가 되었다. 태중에 아이가 온 것을 알게 된 그 날은 그저 신기하고 놀랍기만 했다. 임신 확인을 위해 찾아간 산부인과에서는 "축하합니다"라는 인사가 아니라 "낳으실 거죠?"라는 확인을 받은 날이었다. 남편이 아니라 친정엄마와 동행해서 그런 것일까? 그렇게 남편과 둘이 산 지 한 달 만에 셋이 함께하는 삶이 시작되었다.

몸의 변화는 하루하루가 달랐다. 나는 끊임없이 먹었고, 돌아서면 또 배가 고팠다. 수시로 화장실을 가야 했고, 모든 옷과 신발이 맞지 않는 순간이 찾아왔다. 거울에 비친 내 모습이 어색해지더니 침대에서 잘 수 없을 정도가 되었다. 일어날 때 붙잡을 것이 없는 침대를 포기하고 소파로 이동한 것은 임신 9개월이었다. 그때부터 시작된 독박 육아였다.

2009년 5월, 이틀의 산고를 겪고 한 아이를 품에 안았다. 너무 작고 여린 생명은 힘주어 안는 것도 조심스럽기만 했다. 이 작은 생명은 혼자서는 아무것도 할 수 없었다. 먹고 자고 싸는 모든 것을 나에게 의지해야 하는 존재였다. 나에게 기대는 생명을 돌보는 것이 그렇게 힘겨운 일인지 경험하기 전에는 절대 예측하지 못했다. 나는 엄마의 삶을 시작했다.

아이와의 삶은 책에서 읽었던 그것과 너무 달랐다. 임신 기간 동안 열심히 읽었던 「임신 육아 백과」 속 아이는 늘 방긋방긋 웃고 있었다. 먹을 때에도 잘 때도 평온한 얼굴이었다. 하지만 현실 속 내 아이는 늘 울었다. 기저귀가 불편해서 울고, 젖이 잘 나오지 않아서 울었다. 배가 고파서 울고, 잠투정으로 더 크게 울었다. 아이가 잠든 시간에도 내 귓가에서는 아이의 울음소리가 들렸다. 그래서 나도 모르게 잠든 아이가 있는 방으로 달려가곤 했다. 울음으로 소통하는 아이와 살아가는 것이 엄마의 첫 번째 과제였다.

밤낮을 가리지 않고 두 시간마다 젖을 먹이는 것에 익숙해질 무렵이 되자, 아이의 이유식이 시작되었다. 어떤 음식 재료든지 작게, 최대한 작게 잘라야 했다. 건강한 식자재를 샀고 정성껏 잘게 잘라 끓이고 식혔다. 주방 살림에 익숙하지 않은 초보 주부에게는 예상보다 긴 시간이 필요했다. 게다가 우는 아이를 옆에 둔 상황이라 더 집중하기 어려웠다. 무엇 하나 쉬운 것이 없었다.

하지만 우리 아들은 무엇이든 꿀꺽꿀꺽 잘 먹어주는 아이가 아니었다. 촉각이 예민한 아이는 입속에 들어오는 새로운 것을 계속 밀어내기만 했다. 아기 식탁 위의 이유식 그릇은 엎어지기 일쑤였다. 시간과 노력이 한순간에 엎어지는 것을 눈앞에서 봐야 했다. 하루에 두세 번씩 반복되는 일상이었다. 나는 매일 내 안의 부정적인 감정들과 만났고, 늘어나는 건 한숨뿐이었다.

'나는 왜 이렇게 엄마 노릇을 못 할까?'
'나 같은 엄마랑 사는 우리 두 아이는 괜찮을까?'
'나는 이 아이들을 잘 키울 수 있을까?'

고민이 쌓여가는 그 시기에 남편은 내 곁에 없었다. 스케줄 근무를 해야 하는 남편은 하루건너 하루씩 당직실에서 잠들어야 했다.

밤 수유로 두세 시간에 한 번씩 깨야 하는 시간에는 두려움이 몰려오기도 했다. 현관문을 몇 번씩 확인하고 두 개의 잠금장치를 잠가야 그나마 마음이 놓였다. 깨다 잤다를 반복하는 밤은 그 무엇보다 길게 느껴졌다.

아침이 되어 당직근무를 마치고 집에 들어오는 남편이 반가웠다. 무사히 집에 돌아온 것이 반가웠다. 아기와의 일방적인 대화가 아니라 오고 가는 소통의 대화가 가능하리라는 기대에 또 반가웠다. 하지만 밤 근무를 마치고 돌아온 남편은 피곤했다. 편하게 자고 싶어 하는 표정이 역력했다.

'아, 그도 나처럼 밤새 자다 깨기를 반복했구나!' 그 얼굴을 보고 나면 자연스럽게 입이 다물어졌다. 그리고 주섬주섬 아기 띠를 맸다. 칭얼거리는 아이가 더 크게 울기 전에 달래야 했기 때문이다. 아이를 달래며 남편을 재웠다. 그렇게 또 이어지는 고요한 시간이었다.

그림책과 만나다

아이를 안고 거실을 서성거리다 여기저기 흩어져 있는 그림책이 보였다. 한 권 두 권 책꽂이에 정리하다 펼쳐진 그림책의 그림에 시선이 멈췄다. 바다 앞에서 그림을 그리는 자신을 상상하고 있는 화가의 얼굴이었다. 글 밥이 많아서 나중에 아이에게 읽어주려고 구석에 꽂아두었던 그림책 「바다로 간 화가」(모니카 페트 글, 안토니 보라틴스키 그림, 풀빛)의 한 장면이었다. 도시에 살던 화가는 주변 풍경을 그리며 살았다. 자동차, 버스, 공원과 나무 그리고 동물원을 그렸다. 이것저것 다 그리고 나니 이제 더 그릴 것이 없어진 화가였다.

화가는 그 시기에 바다에 대해 들었다. 끝없이 넓고 말로 다 할 수 없이 아름답다는 그곳에 꼭 가고 싶었다. 바다에 가는 것이 화가의 꿈이 되었다. 멍하니 앉아서 바다를 상상하고 있는 화가의 모습에서 내가 보였다. 바다를 떠올리고 있는 화가의 얼굴이 우울해 보인 것은 내 마음 탓이었을까?

가난했던 화가는 돈을 모으기 시작했다. 먹을 것을 줄이고, 머리도 수염도 직접 다듬었다. 그리고 집안의 물건들도 하나둘 팔았다. 그렇게 겨우 차표 살 돈을 마련할 수 있었다. 화가는 드디어 기차를 탔고, 바다 앞에 서게 되었다. 그는 바다가 보이는 작은 집을 마련하고 하염없이 바다를 바라보았다.

창문 너머로 보이는 바다에서는 첼로의 연주가 흘러나오고 있었다. 화가는 꿈을 꿨고 이뤄냈다. 화가는 바다가 보이는 그 마을의 모든 것을 그리기 시작했다. 섬사람들과 이야기를 나누며 차도 마셨다. 그가 더없이 행복해 보였다. 화가의 마음이 나에게 전해져 나도 그림처럼 웃고 있었다.

아이의 장난감으로만 여긴 그림책이었다. 아이의 발달과 성장에 좋다는 이야기를 듣고 산 것이었다. 또, 마을의 분리수거장에서 누군가 정리한 그림책 꾸러미들을 가져오기도 했었다. 「바다로 간 화가」도 그중 하나였다. 무심코 펼쳐진 그림책을 가만히 들여다보며 내가 위로를 받았다. 그림책과 대화가 가능하다는 것을 알게 된 순간이었다. 뱅글뱅글 한 자리에서 반복되기만 하던 독박 육아에서 숨 쉴 방법을 깨달은 순간이었다.

'그림책이 아이를 위한 것만은 아니었구나!'
'그림책의 그림으로도 위로를 받을 수 있구나!'
'대화는 꼭 상대방이 있어야 하는 것이 아니구나!'

독박 육아의 시간, 나 조현주는 실종되었다. 그저 엄마로만 살았다. 내가 좋아하는 것과 내가 잘하는 것들은 하나도 하지 못했다. 서툴고 부족한 것을 계속하려니 나오는 것은 한숨뿐이었다. 얼마만큼 힘이 들어야 끝나는지도 모르는 그 어두운 터널에서 주저앉아 있던 시간이었다. 내가 없어진 그 시간에도 내 곁에는 그림책이 있었다. 아이를 위해 준비한 그림책이 나에게 이야기를 들려주기 시작했다. 나는 그림책의 이야기가 더 궁금해졌다. '그림책 속에 나의 또 다른 이야기가 들어있지 않을까?'라는 기대가 솟아올랐다. 이 기대가 실종된 나를 찾아줄지, 그때는 몰랐다.

엄마도
꿈을 이룰 수
있습니다

2장

엄마는 꿈이
뭐예요?

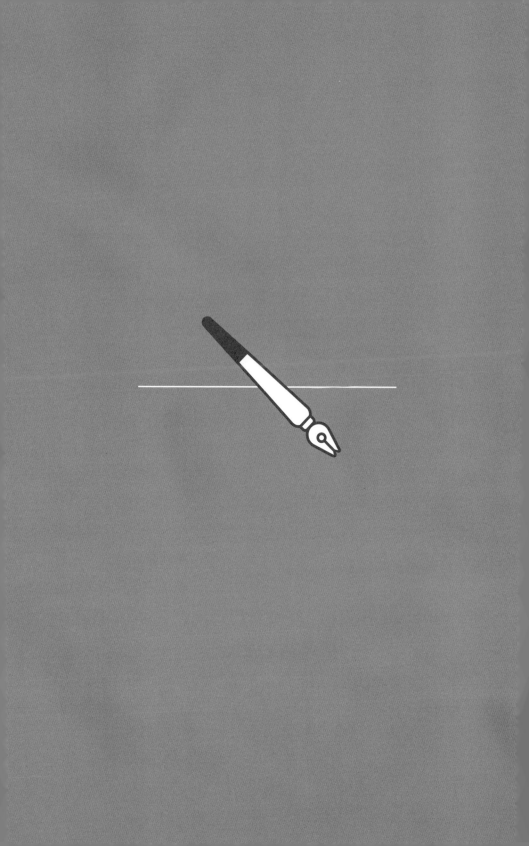

엄마는
꿈이 뭐예요?

"엄마는 커서 뭐가 될 거예요?"

"응? 엄마가 커서?"

"나는 커서 화가가 되고 싶거든요. 엄마는요?"

"음... 엄마는 뭐가 될 수 있지?"

책상에 앉아 그림을 그리다 말고 딸아이가 물었다. 엄마는 커서 뭐가 되고 싶냐는 질문에 순간 멈춰버렸다. '나는 지금 다 컸는데... 지금보다 더 클 수 있을까? 아니지, 키와 몸무게의 성장은 멈췄지만, 마음은 더 클 수 있지 않을까?' 질문한 아이를 앞에 두고 혼자 이런저런 생각에 빠졌다.

"엄마, 하고 싶은 일 생각하는 거예요? 왜 대답이 없어요?"

"응, 갑자기 생각이 안 나네."

"나는 엄마랑 그림책 읽으면 재밌는데, 그거는 꿈이 될 수 없어요?"

"그림책?"

"그만 생각하고 이거 같이 읽어요. 선생님 놀이해요."

아이가 내민 그림책을 바라보며 끄덕였다. 같이 읽고 놀면서 아이의 질문은 또 잊어버렸다. 그런데 그날 밤, 다시 생각이 났다. '나는 언제 행복하지? 나는 어떤 일을 하고 싶어 하지? 내가 즐겁게 웃을 때는 언제더라?' 내 안에 질문이 꼬리에 꼬리를 물었다. 하지만 모두 쉽게 대답할 수는 없었다. 그저 두 아이를 키우는 엄마로 사느라 내가 좋아하는 것을 애써 찾아가며 해본 적이 없었기 때문이다. 답답했다. 정말 답을 찾고 싶었다.

의외로 답은 가까이에 있었다. 하지만 그때는 알지 못했다. 당장 그다음 날 진행할 모두 가족 품앗이 수업을 준비해야 했기 때문이다. 우리 첫째가 다섯 살 무렵에 시작한 품앗이 수업에서는 마을의 네 가족이 모여 매주 1회 그림책을 읽고, 다양한 놀이를 했다. 엄마들이 각 가정에서 선생님이 되어 아이들에게 즐거운 시간을 선물했다.

나는 수, 과학놀이 담당이었다. 주방에서 두 아이와 놀았던 과학

놀이를 품앗이 아이들과 같이했다. 한 번 해본 우리 아이들은 친구들에게 방법까지 알려주며 더 신나게 참여했다. 혼자서는 감당이 안 될 것 같은 뒤처리도 세 명의 엄마는 알아서 척척 해냈다. 그 믿음이 있었기에 나는 매번 더 도전적으로 수업을 준비할 수 있었다.

아이들이 특히 좋아했던 과학놀이는 역시 비눗방울 놀이였다. 늘 완제품을 사서 놀았지만 나는 수업을 준비하며 비눗방울 액체를 아이들과 만들어보기로 했다. 준비물을 챙기고, 그림책을 찾았다. 처음에는 그저 아이들을 집중시키기 위해 시작한 그림책 읽기였다. 하지만 다양한 주제의 그림책이 있다는 것을 깨닫게 된 엄마들은 매주 주제에 맞추어 그림책부터 찾았다. 덕분에 아이들도 그림책을 더 좋아하게 되었다. 아이들은 그림책을 읽고 나면 더 재미있는 활동을 한다는 것을 체험했다.

아이들이 좋아하는 것을 계획하며 나는 즐거웠다. 그림책을 찾고, 준비물을 떠올리며 내가 먼저 빙긋이 웃었다. 아이들이 좋아하는 노래를 찾아 들으며 나도 모르게 흥얼거리고 있었다. 함께 할 손 유희를 찾고 있으면 어느새 두 아이는 내 곁에서 율동을 했다. 그렇게 수업을 준비하면서 내가 가장 먼저 행복했다. '내가 좋아하고 행복한 것을 꿈으로 정하면 안 될까? 이렇게 아이들과 노는 것이 꿈이 될 수는 없을까?' 질문은 있지만 정확한 대답은 알 수 없는 날들이 계속되었다.

엄마가 먼저
행복한 시간 만들기

첫째가 여섯 살, 둘째가 세 살이 되는 품앗이 수업 2년 차부터는 월 1회, 체험 학습을 갔다. 아이들이 좋아할 만한 장소를 선택해서 토요일 오전에 함께 만났다.

그 중 기억에 남는 장소는 바로 인천대공원 수목원이었다. 인천 대공원 정문 입구에서 조금만 들어서면 왼편에 수목원이 있다. 홈 페이지를 통해 예약을 해두면 숲해설가 선생님과 함께 숲 산책을 하고, 간단한 자연 놀잇감도 만들 수 있다.

네 가족이 인천대공원에 모였다. 점심 도시락과 간단한 놀잇감들을 챙겨 수목원 입구에서 만났다. 선생님과의 숲 산책 시간은 자연과 가까이 만날 수 있는 계기가 되었다. 아이들을 선생님을 따라다니며 이것저것 관찰하고, 오감으로 느꼈다. 물론 엄마들에게도 상쾌한 시간이었다. 천천히 숨을 쉬며 숲길을 걷는 것만으로도 치유가 되는 듯했다. 한 시간여의 수목원 산책을 마치고, 넓은 잔디밭에 모두 모였다. 숲 선생님께서 말씀하셨다.

"여러 가정이 이렇게 모여 수목원에 찾아오시는 모습이 너무 보기 좋습니다. 아이들도 어머니들도 모두 행복해 보이세요. 자주자주 오셔서 숲에서 힐링하시고, 아이들도 건강하게 키우시면 좋겠습니다. 한 가지 추천하는 활동은 계절마다 수목원에 오셔서 같은 자리에서 아이와 나무를 촬영하는 것입니다. 그러면 계절의 변화도 느낄 수 있고, 아이의 성장하는 모습도 한눈에 확인하실 수 있을 겁니다. 꼭 한 번 해보세요."

숲 선생님과의 시간은 마무리되었다. 하지만 아이들은 낯설었던 숲과 그제야 편해진 모습이었다. 엄마들은 가지고 온 돗자리를 펼쳤다. 엄마들을 자리를 잡고 아이들은 숲에서 마음껏 뛰어놀았다. 깔깔거리는 아이들의 웃음소리가 좋았다. 엄마들끼리 편하게 앉아서 나누는 수다도 즐거웠다.

"아이들이 같이 노는 거 보니까 너무 좋네요."
"그러게요. 엄마도 안 찾고 저희끼리 신나게 노니까 우리도 숨 쉴 틈이 생겨 좋아요."
"엄마도 아이도 행복한 시간이네요."
"매일 이렇게 편하고 즐거우면 좋겠어요."

우리는 토요일 오전부터 오후까지 신나게 놀았다. 엄마도 아이도 각자 제 친구들과 즐거운 시간을 보냈다. 함께하는 것이 얼마나 즐거운 일인지 온몸으로 체험하고 있었다. 아이들은 제 또래의 친구가 생겨서 좋았고, 엄마들은 서로의 육아 경험을 나눌 수 있어서 좋았다. 궁금한 것은 서로 물어보고, 알고 있는 육아 팁은 아낌없이 나누었다. 다음 체험 장소에 대해 계획하면서 엄마들이 먼저 행복했다. 맑게 웃을 아이들이 얼굴을 상상할 수 있었기 때문이다. 엄마들이 먼저 행복한 시간, 더불어 아이들까지 건강하게 키우는 시간이 차곡차곡 쌓였다.

철학자 크세노폰은 「소크라테스 회상록」에서 스승 소크라테스의 말을 우리에게 전한다. 그의 기록 중에는 "내가 그걸 말로 밝히지 못한다고 하더라도 행동으로는 밝히고 있소. 그대는 행동이 말보다 더 믿음직한 증거라고 생각하지 않나요?"라는 문장이 있다. 행동으로 보여주는 것이 진짜라고 말이다.

아이들이 행복하게 자랐으면 좋겠다고 생각하면 행복한 모습이 어떤 것인지 행동으로 보여줘야 한다. 엄마가 아이에게 매일 힘들고 우울한 모습을 보여주면서 "너는 행복하게 자라야 해"라고 말하는 건 앞뒤가 맞지 않는다. 아이만 헷갈릴 뿐이다.

'엄마가 먼저 행복한 것이 꿈이 될 수는 없을까?'
'엄마의 하루하루가 행복하려면 무엇을 하면 좋을까?'
'혼자 하기 힘들면 같이 해보는 건 어떨까?'

엄마들이 먼저 행복하면 좋겠다는 나의 소망이 꿈으로 연결되고 있었다. 누구도 정해둔 것은 없었다. 나의 꿈은 나에게 물어보아야 하기 때문이다.

"당신의 꿈은 무엇인가요?"

나는
뭘 좋아하지?

"엄마, 오늘은 무슨 놀이 할 거에요?"
"음... 어린이집 하원하면 알려줄게."
"궁금한데. 어린이집 다녀오면 같이 노는 거죠?"
"그럼, 준비해 둘게! 잘 다녀와."

두 아이의 어린이집 등원준비를 하며 함께 외출 준비를 서두른 날, 아이는 이런 질문을 하곤 했다. 아이의 질문이 반가웠다. 아이는 엄마랑 하는 책놀이 시간을 매일 기다리고 있었기 때문이다. 두 아이의 손을 잡고 나서는 길이 즐거웠다. 아니 아이를 등원시키고 달려갈 수 있는 곳이 있다는 것이 더 신이 났다. 내가 달려가는 그 곳은 인근 도서관이었다.

두 아이가 모두 등원하던 2015년, 나는 도서관에서 강의를 듣기 시작했다. 버스를 한번 타면 갈 수 있는 거리에 남동 구립도서관이 있었다. 처음에는 아이들과 잠시 들러 그림책을 읽고 빌려오는 곳 이었다. 아이들과 함께하는 짧은 방문이 반복된 어느 날, 게시판의 강의 홍보글을 보게 되었다. '엄마표 독서지도' 수업이 개강을 앞 두고 있었다.

'도서관에서 강의도 들을 수 있구나! 엄마가 책으로 아이들을 가 르칠 수 있는 방법이 있네?' 궁금했다. 시간을 확인하니 등원을 시 키고 부지런히 움직이면 참여할 수 있는 시간이었다. '한 번 들어 볼까? 매주 올 수 있을까?' 잠시 망설였지만 뭔가 하고 싶다는 생 각으로 두근거리는 마음이 싫지 않았다.

'엄마표 독서지도' 수업에서는 아이들과 그림책을 읽고, 함께 놀 수 있는 다양한 방법을 가르쳐주셨다. '그림책을 읽으며 아이와 나 눌 수 있는 대화가 있다'는 것을 처음 알았다. 그림책의 질문에는 정해진 답도 없었다. 아이의 생각이 중요했다. 그냥 읽어주기에 급 급했던 나의 책 읽기 시간이 부끄러웠다. 그렇게 하나씩 배워가는 것이 정말 좋았다.

나는 선생님이 읽어주시는 그림책을 열심히 기록했다. 아이와 나 눌 수 있는 질문까지 꼼꼼하게 적었다. 또, 독후활동도 잊지 않았 다. 선생님이 챙겨주시는 활동자료들을 챙기고 기록하면서 채워가는 나의 노트를 보며 뿌듯했다. 알아가는 즐거움으로 나는 흥분되었다. 강의를 마치면 어린이 자료실로 달려갔다. 선생님이 추천해 주신 그림책을 검색하고 곧장 대여했다. 아이와 함께 읽을 생각에 기분이 좋았다.

최숙희 작가님의 「너는 어떤 씨앗이니?」(최숙희 글, 그림. 책 읽는 곰)는 아이와 내가 반복해서 읽고 또 읽은 그림책이다. 최숙희 작가님의 그림은 보고 있으면 기분이 좋았다. 표지에는 화관을 쓴 아이가 두 손에 씨앗 하나를 올려놓고 미소를 지으며 눈을 가만히 감고 있다. '어떤 상상을 하고 있으면 저렇게 기분 좋은 미소를 지을 수 있을까?', '아이의 손에 든 씨앗은 무슨 씨앗일까?' 궁금해하면서 책을 펼쳤다.

책장을 넘기면 작고 여린 씨앗 그림과 어린아이가 보인다. 그리고 또 한 장을 넘기면 그 씨앗이 자라 피워낸 꽃과 성장한 아이의 모습을 만날 수 있다. 예상할 수 있는 꽃의 모습도 있었지만, 전혀 상상할 수도 없는 꽃의 모습에 깜짝 놀라며 책장을 멈추기도 했다.

그리고 또 시선을 잡는 것은 아이들의 모습이었다. 첫 페이지에서는 웅크리고 투정을 부리며 앉아 있던 꼬마들이 다음 장을 넘기면 어느새 자라서 당당히 성장한 모습을 보여주었다. 성장한 아이들은 여유롭게 웃고 있었고, 마음껏 꽃향기를 맡고 있었다. 같은 듯 다른 두 아이의 모습은 책장을 앞뒤로 다시 펼쳐보게 했다. 그리고 우리 아이의 모습도 상상해 보았다.

'작고 작은 생명이지만 내 곁의 아이도 분명히 성장하겠지? 시간이 흐를수록 자신만의 모습을 찾아가겠구나! 어떤 모습일지 아직은 잘 모르겠지만 그림책 속 아이들처럼 행복하게 웃고 있으면 좋겠다.'

아이와 그림책을 읽고 나서는 선생님께 배운 북아트 자료를 아이 앞에 펼쳤다. 색종이에 씨앗 사진과 꽃 사진을 번갈아 붙였다. 짝이 되는 그림끼리 연결해두고 간단한 종이접기를 했다. 한두 번의 가위질로 색종이는 하트 모양이 되었다. 그렇게 짝 지워진 종이들을 서로 붙여서 식물 북아트를 완성했다. 손안에 쏙 들어오는 작은 그림책은 아이의 손에서 반짝반짝 빛났다.

그날 오후 내내 작은 그림책을 들고 다니며 펼치는 아이의 모습을 볼 수 있었다. 그 모습을 보고 있는 나는 더 기분이 좋았다. 재잘재잘 계속 이야기를 나누며 함께 만들었던 장면이 떠오르고, 반복적으로 펼치며 이야기를 반복하는 아이가 행복해 보였기 때문이다. 그림책을 읽고, 독후활동을 하면서 아이와 내가 함께 행복했다. 또 하고 싶었다.

나만의 그림책을 발견하다

처음에는 도서관에서 강사님께서 추천하신 도서만 대여했다. 그 책이 없으면 그렇게 아쉬울 수가 없었다. 하지만 도서관 서가에는 정말 다양한 그림책이 있었다. 시간이 갈수록 그 그림책들이 궁금해졌다. 선생님의 추천도서가 꽂혀있는 그 서가 앞에 주저앉았다. 그리고 한 권씩 꺼내서 읽기 시작했다. 그림책에 푹 빠져 한참을 읽고 있으면 시간이 가는 줄도 모르고 집중했다. 그렇게 그림책들을 읽다가 발견한 그림책이 「왜 나만 달라?」(톱 비덜프 글, 그림. 신지호 옮김, 한림출판사)다.

그림책은 표지부터 유난히 다른 강아지가 보인다. 한 강아지만 다른 옷을 입고, 다른 방향을 바라보고 있다. 다른 모자를 쓰고, 꼬리가 가리키는 방향도 다르다. '한 강아지만 왜 이렇게 다를까?'라는 생각을 하며 그림책을 펼쳤다. 주인공 강아지는 혼자서만 너무 달랐다. 다른 강아지들과 옷도 다르고, 좋아하는 악기, 좋아하는 운동도 달랐다. 도저히 이곳에서는 친구들과 어떤 것도 함께할 수 없었다. 주인공 강아지는 울면서 그 마을을 떠났다.

'다르다는 것이 이렇게 힘들고 아픈 일이구나'라는 생각을 하며 책장을 넘겼을 때 주인공 강아지와 모든 것이 똑같은 마을이 보였다. 함박웃음을 짓는 강아지를 보며 잠시 마음이 놓였다. 하지만 그

곳에서도 다른 강아지는 있었다. 그 강아지는 이렇게 말했다.

"나는 외톨이가 아니야. 난 좀 뛰는 게 좋아! 너도 해 봐. 자신감을 갖고 당당하게 말이야."

난 그림책의 책장을 더 이상 넘기지 못했다. 자신만의 것을 당당하게 해나가면 된다는 강아지의 말에 나의 모습이 떠올랐기 때문이다. 첫째를 어린이집을 보내면서 옆집의 아이와 다른 내 아이가 불안하기만 했었다. '나도 어서 한글 공부를 시작해야 하나? 학습지 선생님을 빨리 알아봐야 할까? 주민센터 프로그램은 몇 살부터 참여할 수 있는 거지?' 다른 아이들의 방과 후 활동을 바라보며 종종거리던 내가 보였다.

하지만 정작 우리 아이가 좋아하는 것은 엄마와의 그림책 읽기 시간이었다. 품앗이 친구들과의 놀이시간이었다. 그림책은 나의 불안에 "괜찮다"는 위로를 건넸다. 아이가 좋아하는 것을, 내가 좋아하는 것을 해도 괜찮다고 이야기해주는 것 같았다. 다른 사람과 꼭 같아야 할 필요는 없었다. 많은 사람이 학원을 보내고, 학습활동을 한다고 모두 같은 길을 걸어야 하는 것은 아니었다. 나와 우리 아이는 우리만의 방식을 선택하면 되는 것이었다.

그림책을 읽으며 그림책이 점점 더 좋아졌다. 아이와 끊임없이 이야기할 수 있어서 좋았고, 아이와 편안하게 놀 수 있어서 좋았다.

그리고 그림책이 건네는 문장들이 짧으면서도 힘이 있었다. 더 많은 그림책을 펼치게 한 이유이기도 했다. 내가 좋아하는 것을 계속하고 싶었다. 내가 편안한 방법으로 우리 아이를 잘 키우고 싶었다. 또 그림책을 들고 세상과 만날 수 있는 방법도 궁금했다.

나는 그렇게 그림책을 읽으며 나의 마음에 집중하기 시작했다. 내 마음에 집중할 때 나만의 정답을 찾을 수 있다. 남과 다른 나다. 지금 당신은 있는 모습 그대로 충분하다. 내가 좋아하는 것으로 나만의 정답을 찾아가는 것, 지금 당장 시작해보자.

"그래, 맞아. 내 모습 그대로 사는 게 뭐가 어때서?"

엄마도 꿈을 이룰 수 있습니다

나를 위해
돈 좀 쓰겠습니다

"계산된 위험은 감수하라. 이것은 단순히 무모한 것과는 완전히 다른 것이다." - 조지 S. 패튼

임성훈 작가는 「하루 한 줄 심리수업 365」에서 "기업이든 개인이든 새로운 일을 진행할 때 처음부터 수익을 내기 어렵다. 그 분야를 공부하고 준비하는 데 시간과 돈이 든다. 손익분기점에 이를 때까지는 어쩔 수 없이 수익보다 지출이 많다"라고 했다.

지금의 나는 고개를 끄덕이며 공감하면서 읽지만, 5년 전에는 그렇지 못했다. 아이들을 위한 그림책, 아이들을 위한 식재료, 아이들을 위한 것들만 쉽게 구입하는 '엄마'였다. 나를 위한 지출은 생각지도 못했다. 아니 하면 안 되는 줄 알았다. 게다가 생활비가 빠듯

한 것도 사실이었다. 그저 아끼기만 하는 것이 정답이라고 생각했다. 나는 아이들의 것을 찾고 구입하면서 즐거웠고, 아이들에게 새로운 것을 입히고 좋은 것을 먹이면서 부모로서 보람을 느꼈다. 물론 그 기간 동안 나 '조현주'는 없었다.

하지만 도서관에서 독서지도 공부를 시작하면서 그림책에 대해 더 공부하고 싶다는 생각이 들었다. 배우면서 행복했고 더 깊이 알았으면 좋겠다는 생각이 계속 떠올랐다. 그 순간을 무시하면 또 멈출 것 같았다. 그렇게 되고 싶지 않았다. 그동안 엄마로 사느라 닫아버리고 있었던 내 마음의 이야기를 듣기 시작한 것이다. 두근거렸다. 심장 뛰는 소리가 내 귀에 들리는 듯했다. 정말이지 오랜만에 느끼는 감정이었다. 설렘과 두려움이 섞인 오묘한 기분이었다. 나는 엄마표 독서지도 강사님께 질문했다.

"강사님이 읽어주시는 그림책이 너무 좋아요. 집에 가서도 그림과 문장들이 계속 생각나요. 강사님이 알려주시는 그림책도 빠짐없이 보고 있어요. 그림책 공부를 더 하고 싶은데 어떤 방법이 있을까요?"

강사님은 나에게 '그림책 지도사' 과정이 있다는 것을 알려주셨다. 지도사 과정은 민간자격과정이기 때문에 자신에게 알맞은 곳에서 배우고 자격 검정 시험을 거치면 된다고 하셨다. 처음엔 '나에게 알맞은 곳'이 어디인지 몰라서 갸우뚱거렸다. 집에 돌아와서 인터넷 검색을 하고 나서야 그것이 무슨 말인지 이해할 수 있었다. 교육과정을 주최하는 기관마다 교육비와 검정비용이 달랐다. 아동 독서지도 사업을 하는 유명한 기관에서는 입이 딱 벌어지는 비용이 들었다. 마을 문화원에서 진행하는 교육비와 큰 차이가 났다. 하지만 교육과정은 비슷비슷했다.

강사님이 언급하신 '자신에게 알맞은 곳'은 나의 선택에 분석적인 비판과정이 필요하다는 뜻이었다. "유명한 곳에서 진행하는 것이 다 좋은 것이 아니니 비교 대조하면서 나에게 맞는 것을 찾으면 된다"라고 추천하신 것이다. 성장을 위한 나의 도전은 세상을 바라보는 진짜 눈을 가지는 것으로 시작되었다. 나는 곧장 문화원에 전화했다.

"안녕하세요. 그림책 지도사 과정을 듣고 싶어서 연락드렸습니다. 수강 신청 가능할까요?"

"예, 지금 등록 기간입니다. 접수하시겠어요?"

"교육비는 어떻게 될까요?"

"예, 자격증 과정이라서요. 교육비와 교재비 그리고 자격 검정비용이 필요합니다."

'자격 검정비용이 또 따로 있다고?' 문화원 담당 선생님과의 통화에서 나는 또 멈칫했다. 그림책 지도사 과정은 도서관의 평생교육과는 다른 과정이었다. 교육비와 교재비 정도만 생각하고 있었는데 자격 검정비용과 자격증 발급 비용까지 있다는 것을 새롭게 알게 되었다. 별 다방 커피 30잔의 비용이었다. 당장 신청하지 못하고 주저하는 나의 모습에서 아이를 재우고 창밖을 물끄러미 바라보기만 하는 내가 겹쳐졌다. 그 모습으로 계속 살고 싶지 않았다. 세상과 단절되어 마냥 집에서만 움직여야 하는 나를 상상하니 끔찍했다. 나는 더 이상 망설이지 않고 수강 신청을 했다.

아침에 아이들의 등원과 함께 달려갈 곳이 하나 더 생겼다. 문화원에 가는 날이면 다른 날보다 더 바쁘게 움직여야 했지만 나도 모르게 콧노래가 나올 정도로 신이 났다. 강의실에 도착해서 마시는 커피는 집에서 먹는 것보다 훨씬 맛있었다. 일찍 도착한 다른 분과 인사를 나누며 지난 한 주간의 이야기도 자연스럽게 나누었다.

도서관에서부터 함께 공부한 분들도 있었기에 강의실은 늘 수다로 가득했다. 같은 관심사를 가지고 한 곳에 모인 분들은 말도 잘 통했다. 그림책을 읽으며 같이 웃고 끄덕이는 그 시간이 너무 좋았다. 그렇게 또 12주간의 시간이 흘렀다. 그림책 지도사 과정 강사님과의 마지막 시간, 강사님이 꼭 추천하시는 활동이 있었다.

"선생님들, 그림책 연구모임을 시작하세요. 그림책 선생님은 나와 다른 사람들과 함께 그림책을 읽고 연구하는 시간이 필수랍니다. 질문을 떠올리며 교육계획안도 작성해보세요. 함께 성장하는 시간이 되실 겁니다. 협회에서 그림책 연구모임을 지원하는 과정도 있으니 참고하세요.”

그림책 공부를 함께 한 분들과 헤어지고 싶지 않았다. 그림책을 함께 읽고 이야기를 나누는 시간을 계속 이어가고 싶었다. 그래서 손을 번쩍 들고 함께 해보자고 말씀드렸다. 여덟 분 중에서 나를 포함 네 분이 동의하셨다. 함께 손을 들어주신 분들에게 얼마나 고마웠는지 모른다. 함께한다는 것은 혼자서는 할 수 없는 일이기 때문이다. 내가 좋아하는 일을 계속할 수 있다는 생각에 나는 연신 웃고 있었다.

내가 행복해지는 일은 그 누구도 선택해줄 수 없다. 내가 열정을 다해 달려든다는 것은 내가 좋아하는 일이다. 좋아하는 것은 능히 잘하게 되어 있다. 좋아하는 것을 즐기는 마음으로 지속하다 보면 결국에 탁월해지는 시간이 온다. 이렇듯 그저 ‘계속 이어가고 싶다’라는 생각으로 시작한 그림책 연구모임이 나를 그림책 활동가이자 작가로 만들었다.

물론 그림책 연구모임의 시작에도 투자가 필요했다. 협회에서 지원하는 그림책을 함께 구입하기 위해서는 얼마간의 비용이 필요했기 때문이다. 네 명의 선생님들과 함께 그림책을 구입했다. 처음엔 망설임으로 흔들리기만 하던 ‘나를 위한 투자’도 반복하니 두렵지 않았다. 불안함이 아니라 기대로 두근거렸다. 이 투자가 나를 얼마나 더 성장시킬지 궁금하기까지 했다.

우리는 매주 한 번씩 만나서 그림책을 읽었다. 지원받은 그림책 중에서 각자가 좋아하는 책을 선택해 교육계획안도 작성했다. 처음엔 너무 어려웠다. 모두 강의시간에 강사님과 함께 작성해본 것이 다였기 때문이다. 질문 문장 하나도 그렇게 작성하기가 어려운 줄 몰랐다. 열린 대답을 이끌어야 하는 발문은 더 어려웠다. 하지만 우리는 함께 고민했다. 서로의 계획안을 보고 아낌없는 피드백을 나누며 하나씩 완성했다. 네 명이 함께 읽는 그림책은 같은 그림책이지만 다른 방향으로 바라볼 수 있는 계기가 되었다. 우리는 함께 성장하고 있었다.

"두 번째 인생을 사는 것처럼 살아라. 그리고 당신이 지금 막 하려고 하는 행동이 첫 번째 인생에서 그릇되게 했던 바로 그 행동이라고 생각하라."

「빅터 프랭클의 죽음의 수용소에서」의 한 문장이다. 죽음 앞에서 후회하는 삶은 살지 말자. 지금 내가 할 수 있는 일을 용감하게 시도하면서 살자. 자신이 좋아하는 것을 찾았다면 이제 투자를 해야 하는 시간인 것이다. 나에게 필요한 것은 내가 가장 잘 알고 있다. 나에게 알맞은 방법을 찾아 시간과 돈을 지불하는 것은 오롯이 나의 몫이다. 누가 대신 선택해주지 않는다. 선택을 미룬다면 그만큼 나의 성장이 지연된다는 것을 기억하자. 내 마음을 두근거리게 하는 그것을 지금 시작하면 된다. 나를 돌보는 것도 나를 성장시킬 수 있는 것도 나 자신임을 잊지 말자.

"지금 당신은 무엇을 하고 싶은가요?"

내가 글쓰기를
좋아하는구나!

책을 읽고 싶었다. 그림책을 읽기 시작하니, 다른 책들도 눈에 들어오기 시작했다. 내가 자주 가는 도서관 2층, 종합자료실에는 수많은 책이 있었다. 무슨 책부터 어떻게 읽어야 할지 막막했다. 서가 사이를 돌아다니며 둘러보다가 눈길을 끄는 제목의 책을 집어 들고 몇 줄을 읽은 후 내려놓기를 반복했다.

'어떤 책이 좋은 책이지?'

'나는 어떤 책을 좋아하지?'

'독서도 배워야 하는 걸까?'

겨우 선택한 책 한 권을 대여해서 집으로 돌아왔다. 그날 밤, 아이들을 재우고 인터넷 검색을 하다가 다시 그 질문이 떠올랐다. 하지만 질문에 대한 답은 쉽게 떠오르지 않았다. 그러다 습관적으로 들어간 육아 카페 공지글에서 '서평단 모집'이라는 문장을 보았다.

'서평단은 뭘 하는 거지?'
'새로 출간된 책을 읽을 수 있구나!'
'책을 읽고, 글을 써야 하네? 내가 할 수 있을까?'

고민만 하다 넘겨버린 서평단 모집이 몇 번 더 있었다. 그런데 그 공지글이 계속 눈에 밟혔다. 신청형식까지 꼼꼼하게 읽다가도 포기하는 내가 답답했다. 그러던 어느 날, 무작정 신청서를 작성했다. 새 책의 홍보 글을 내 블로그에 공유하고, 링크를 복사하고 책에 대한 기대 글까지 정성껏 적었다. 내가 할 수 있는 일을 한 것이다. 신청서만 작성했는데도 뿌듯했다. 계속 미루고 지레 겁먹고 피하기만 하던 것을 실제로 도전하니 기분이 좋았다.

걱정과 두려움을 내가 더 크게 만들고 있는 것인지도 모른다. 실제는 그렇게 두려운 일이 아닌데 자신의 상상과 생각이 그 일을 더 두렵게 여기고 있을 수도 있다. 내가 지금 할 수 있는 일은 그냥 해보면 그만이다. 엘리자베스 퀴블러 로스는 그녀의 책 「인생 수업」 서문에서 "많은 실수를 했다면, 아무것도 하지 않고 산 것보다 좋은 것이다"라고 언급했다. 실수는 도전하고 시도한 사람만이 가질 수 있는 나만의 경험이다. 하고 싶다는 생각이 드는 것을 외면하지 말자. 지금 당신의 눈길을 끄는 그것이 어떤 일을 끌어당길지 누구도 장담할 수 없다.

일주일 후, 우리 집 현관에는 새 책이 한 권 놓였다. 'OO 출판사 드림'이라는 도장이 찍힌 새 책이었다. 신간을 만날 수 있는 새로운 방법을 찾은 순간이었다. 나에게는 2주간의 시간이 주어졌다. 그 안에 책을 읽고, '서평'이라는 것을 써야 했다. 학창시절에 방학 숙제로 쓰던 독후감 생각도 났다. 선생님께서는 어떻게 써야 하는지 가르쳐주지도 않으셨고, 우리는 무조건 써서 제출해야 했던 그 숙제 말이다. 덕분에 나는 독후감의 여러 가지 형식을 시도하고 알아서 배웠더랬다. 문득, 그 생각이 떠오른 것은 우연이 아니었다. 서평 역시 어떤 형식도 주어지지 않았기 때문이다.

나는 우선, 책을 읽어가며 인상 깊은 문장들을 표시했다. 마음에 드는 사진에는 색깔 포스트잇도 붙였다. 너무 많아서 선택하기 힘든 적도 있었지만 우선 표시하면서 읽으니 잠시 멈춰 생각할 수 있어 좋았다. 나의 서평은 책을 읽으면서 표시해둔 문장과 책 속 사진을 촬영하고 블로그에 나열하면서 시작했다.

책표지의 느낌, 작가 소개 글, 목차, 작가의 말 그리고 책의 본문까지 모두 새롭게 보였다. 뭔가 써야 한다는 생각에 조금 더 집중해서 책을 읽었다. 또, 작가의 생각을 추측해보기도 하고, 나의 소감을 덧붙이기도 했다. 내일의 삶에서 내가 어떻게 살아가야 할지 고

민도 적었다. 그냥 내 마음에 떠오르는 대로 그렇게 적었다. 그 과
정이 너무 즐거웠다. 한 편의 글을 완성하고 나면 너무 뿌듯해서 읽
고 또 읽었다. 나의 글은 아마 내가 가장 많이 읽었을 것이다. 글쓰
기에 희열을 느낀 첫 번째 경험이었다.

"블로그 기자단 활동해 본 적 있어요? 지금 모집 중인데 같이 할
래요?"

"그건 뭐예요?"

"구청에서 모집하는 시민기자단인데 글과 사진으로 마을 소식
을 전하는 거예요."

"우와! 재밌을 것 같아요. 어떻게 신청하면 될까요?"

3년째 품앗이 수업을 함께 진행한 언니의 추천이었다. 언니는 내
가 블로그에 서평 글을 올리는 것을 보고, 같이 참여해보자는 제안
을 했다. 나보다 1년 먼저 블로그 기자단 활동을 하고 있었던 언니
는 사진 찍는 것이 좋아서 시작한 일이라고 했다. '나는 사진 촬영
은 자신 없는데… 좋은 사진기를 가지고 있지도 않은데, 가능할까?'
나는 선뜻 대답하지 못하고 멈췄다. 나의 대답을 기다리던 언니가
내 어깨를 토닥이며 말했다.

"내가 해보니까 진욱 엄마가 재밌어할 것 같아서 추천하는 거예

요. 부담 갖지는 말아요. 그리고 사진은 핸드폰으로 촬영하면 된답니다. 핸드폰 카메라로도 충분해요."

내가 주춤거리는 이유를 알고 있는 듯 촬영에 대한 부담도 얼른 보듬어주는 언니였다. 용기를 내어 신청한 구청 블로그 기자단 활동은 새로운 글쓰기의 시작이었다. 기사문은 소식을 전하는 글이었다. 정보는 정확해야 했고, 사진의 출처는 명확해야 했다. 물론 전문 기자가 쓰는 것이 아니기에 자신의 소감이나 생각을 쓰는 것은 괜찮았다. 블로그 기자단의 기사문 역시 나만의 방법을 찾아가야 하는 과정이었다. 우선, 내가 작성하고 싶은 기사의 주제를 찾았다.

'내가 지금 관심을 가지고 있는 것은 무엇이지?'
'우리 마을에서 내가 가장 많이 가는 곳은 어디지?'
'내가 가장 잘 표현할 수 있는 방법은 뭘까?'

나는 교육에 관심이 많았다. 일주일에 3회 이상은 평생 교육기관으로 달려가고 있었다. 도서관의 부모교육, 문화원의 자격증 과정, 가족센터에서의 체험 프로그램에 참여했다. 물론 기사문을 쓰기 전에도 부지런히 사진을 찍었다. 그것은 추억을 남기기 위한 촬영이었다. 하지만 블로그 기자단이 된 이후에는 기사문을 작성하기 위해 사진을 찍었다. 건물의 입구부터 강의실 풍경, 배우는 내용과 사람들의 모습까지 하나씩 스마트폰에 담았다. 사진을 찍으며 떠올렸던 문장들은 그대로 나의 기사문이 되었다. 그저 배우면서 기록했던 필기는 이제 구청 블로그의 정보가 되었다. 나만의 관심과 경험이기만 했던 교육이 마을과 연결되는 순간이었다.

　나는 글쓰기를 좋아하는 사람이었다. 우연한 기회로 시작한 서평단 활동, 지인의 추천으로 시작한 블로그 기자단 활동을 통해서 알게 되었다. 내가 좋아하는 것을 계속하고 싶었다. 글쓰기가 매번 쉽지 않았지만, 그래서 더 완성하고 나면 뿌듯했다. 도전하고 성공한 느낌, 성취감이 있었다. 또, 나 혼자만을 위한 글쓰기가 아니라 세상에 나눌 수 있는 글쓰기라서 더 좋았다. 새로 나온 책의 소식을 전하고, 우리 마을의 이야기를 나의 글로 전하며 나는 행복했다. 세상에 우연히 일어나는 일은 없었다. 삶이 나에게 알맞은 것들을 펼쳐주고 있었다. 자연스러운 흐름에 마음을 맡겨보자. 하고 싶은 일을 그냥 한 번 도전해보는 것이다.

　앞에서 언급한 「인생 수업」에는 이런 문장도 있다. "기쁨과 평화를 주는 것들을 선택해야 합니다. '하고 싶은' 일보다는 '해야만 하는'일에 자신이 얼마나 붙잡혀 사는지 알면 놀랄 것입니다." 하고 싶은 일은 꿈을 향해 걸어가는 자신만의 첫걸음이 된다.

　오늘, 해야만 하는 일보다 '하고 싶은' 일을 시작해보면 어떨까?

저도 그림책
선생님이 되고
싶어요

"안녕하세요? 그림책 동아리 리더 조현주 선생님이시죠?"

"예, 안녕하세요? 사서 선생님!"

"저희가 이번에 세계문화 특화 프로그램을 진행해야 해요. 5, 6세 친구들을 대상으로 그림책 수업을 진행하고 싶은데 동아리 선생님들께 부탁드려도 될까요?"

"어머, 정말이요? 기회 주셔서 감사해요. 선생님들과 이야기 나눠볼게요."

그림책 지도사 과정을 마치고 시작한 그림책 연구모임은 인천 남동 구립 소래도서관에서 모임을 이어가고 있었다. 매주 수요일 어린이 자료실에서 만나 그림책을 읽고, 계획안을 나누며 우리만의 그림책을 하나둘 쌓은 지 6개월쯤 되었을 때 사서 선생님께 연락을 받았다. 너무너무 기뻤다. 우리가 함께 공부하고 준비한 것들을 아이들에게 전할 수 있는 좋은 기회였기 때문이다. 나는 얼른 동아리 선생님들께 소식을 전했다.

"우리가 할 수 있을까요? 나는 우리 아이 외에는 그림책을 읽어 준 적이 없어요."
"그러게요. 갑자기 엄청 떨리네요."
"그래도 우리에게 좋은 경험이 될 것 같아요. 같이 하면 할 수 있어요!"
"그럼, 우리 함께 도전해볼까요?"

소식을 접한 동아리 선생님들은 서로의 얼굴을 바라보며 믿을 수 없다는 표정이었다. 아이들 앞에 서야 한다는 두려운 마음도 읽을 수 있었다. 하지만 우린 혼자가 아니었다. 함께 계획하고 준비해보자는 의견이 모아졌다. 우선 미리 작성해 둔 계획안을 보면서 주제에 알맞은 그림책을 찾았다. 각자가 작성한 계획안 중에는 '세계문화'에 어울리는 주제를 하나씩은 찾을 수 있었다. 하지만 8주의 과정을 채우기에는 부족했다. 그래서 각자 그림책을 검색해서 주제에 알맞은 그림책을 선정하기로 했다.

내가 선정한 그림책은 「페트로의 엄마」(장비탈 드 몽레옹, 레베카 도트

르메르. 행복도서관)였다. 페트로는 캥거루 나라에 산다. 캥거루 나라에는 갈색 캥거루, 귤색 캥거루, 흰색 캥거루들이 모여서 살고 있다. 피부가 무슨 색이든 꼬마 캥거루에게 가장 중요한 것은 세상에서 가장 안전한 엄마 캥거루의 주머니 안에서 신나게 노는 것이었다.

페트로는 귤색 캥거루다. 엄마, 아빠는 갈색 캥거루인데 말이다. 갈색 캥거루 페트로의 엄마, 아빠는 귤색 캥거루 페트로를 자신의 아기로 받아들였다. 피부 색깔이 다른 것은 문제가 되지 않았다. 페트로의 엄마, 아빠는 피부색이 달라도 페트로를 너무나 사랑했다.

서로의 다름을 인정하고 있는 그대로를 받아들이는 그림책을 함께 읽으며 우리는 따뜻해졌다. 우리에게 세계문화는 다름이었다. 달라서 틀린 것이 아니라, 다른 것을 있는 그대로 존중하면 되는 것이었다. 그림책을 읽으며 우리가 먼저 느낀 것을 아이들에게 전해주고 싶었다. 그리고 재미있는 활동으로 즐겁게 기억했으면 했다.

그래서 준비한 활동은 엄마 캥거루와 아기 캥거루 꾸미기였다. 스케치북에 엄마 캥거루를 그렸다. 아기 캥거루와 주머니는 따로 그려서 준비해두었다. 엄마 캥거루를 색칠한 다음, 아기 캥거루는 폼클레이로 꾸미고 엄마 주머니와 함께 붙이면 완성이었다. 간단했지만 아이들이 색을 선택하고 참여할 수 있는 활동이라고 생각했다. 일방적인 수업이 아니라 스스로 생각하고 적극적으로 표현하는 수업을 만들고 싶었다.

우리는 스케치북을 준비하고 캥거루 도안을 찾고, 준비물을 챙기면서 두근거렸다. 아이들의 행복한 얼굴을 상상하며 두근거림을 만끽했다. 물론, 두려움도 있었다. 처음 시도해보는 그림책 수업이었기에 계획했던 대로 이루어질지 알 수가 없었다. 하지만 우리가 할 수 있는 것은 철저한 준비와 연습뿐이었다. 할 수 있는 것을 준비하면서 두려움과 맞섰다.

생텍쥐페리는 「야간 비행」에서 "인생에 해결책은 없어. 앞으로 나아가는 힘뿐. 그 힘을 만들어내면 해결책은 뒤따라온다네"라고 했다. 우리는 한 걸음씩 세상을 향해 나아가려고 애쓰고 있었다. 완벽한 해결책은 없지만, 함께 나아가는 힘을 믿고 말이다.

준비는 끝났다. 상상하고 계획한 것을 가지고 아이들 앞에 섰다. 네 명의 그림책 선생님은 주교사와 보조교사가 되어 서로의 수업에 참여했다. 어색하고 긴장한 마음도 잠시, 수업이 시작되면 서로를 마주 보는 시선으로 응원을 가득 보냈다. 또 아이들의 웃음소리에 더없이 행복한 순간들을 경험했다. 우리가 준비한 것들로 아이들에게 즐거운 시간을 선물하고 있었기 때문이다. 두 달에 걸친 여덟 번의 만남은 우리를 그림책 선생님의 길로 이끌었다. 조금 더 아이들의 편에서 생각하고, 조금 더 즐거운 수업을 위해 고민하는 선생님으로 첫걸음을 떼고 있었다.

수업을 마치고 받은 미니 앨범은 지금도 나의 책장에 자리 잡고 있다. 깔깔거리며 웃던 아이들, 조그만 손으로 만들었던 작품들 그리고 그림책을 들고 행복하게 웃고 있는 선생님들이 앨범에 고스란히 남아있다. 처음 앨범을 받아든 당시도 좋았지만, 이 책을 쓰기 위해 펼친 앨범은 또 다른 느낌이었다. 이 시기를 거치며 한껏 성장한 내가 지금도 그림책을 들고 행복하게 웃고 있다고 생각하니 뿌듯했다. 이제는 그 즐거움과 행복을 이 책으로 나눌 수 있으리라 상상하며 포근한 미소를 짓는다.

꾸준히 이어가는 그림책
연구모임의 힘

그림책 연구모임은 새로운 선생님들과 만나며 계속 이어졌다. 구성원은 달라졌지만, 그림책을 향한 마음은 모두 열정적이었다. 함께 읽으면서 자신이 발견한 그림들을 나누었다. 내가 보지 못한 장면을 다른 선생님을 통해 발견한 날이면 눈이 더 커졌다. 내가 생각하지 못한 질문을 통해 함께 생각할 수 있는 시간을 가진 날이면 마음까지 풍성해졌다. 함께라서 가능한 시간이 차곡차곡 쌓였다. 그렇게 준비하고 있으니 또 기회가 생겼다. 그림책 동아리와 지역아동센터의 연결점에 우리가 선생님으로 설 수 있게 된 것이다.

월 1회, 재능 기부 수업이었다. 각자에게 선정된 지역아동센터에 직접 찾아가서 진행하는 것이었다. 연구모임 시간에 함께 만든 수업계획안을 바탕으로 혼자 하는 수업이었다. 지역아동센터 선생님과의 사전연락도 물론 각자가 알아서 해야 했다. 수업 일정을 정하고, 센터에 있는 준비물을 확인했다. 수업에 참여하는 학생 수에 따라 필요한 준비물은 챙겼다.

혼자라는 두려움이 앞섰지만, 또 도전했다. 처음에는 어려웠지만 두 번째는 조금 더 쉬웠다. 하나씩 도전하고 성취하면서 자존감이 향상되었다. 나를 포함하고 있는 이 세상에, 내가 할 수 있는 일이 있다는 그 한 가지 이유만으로도 도전하기에 충분했다.

지역아동센터의 첫 수업의 그림책은 「우리는 특별한 친구」(브리기테 베닝거 글, 에브 탈레 그림, 행복도서관)였다. 그림책 표지에는 다섯 명의 동물 친구들이 동그랗게 모여 한 손을 중앙에 모으고 있다. 마치 운동선수들이 경기를 앞두고 파이팅을 외치려는 모습과 같다. 모두 서로를 마주 보며 뿌듯한 미소를 짓고 있다. 이 친구들은 무엇을 준비하려는 것일까?

이 책의 주인공은 한쪽 다리가 긴 생쥐 맥스다. 맥스는 가족의 품을 떠나 새로운 세상을 향한 여행을 시작한다. 그 길에서 눈은 잘 안 보이지만 냄새는 무척 잘 맡는 두더지 몰리, 귀는 잘 안 들리지만 높이 뛰기 선수인 개구리 프레디를 만난다. 또 찌르레기 벨린다와 겁쟁이 고슴도치 헨리와 이야기도 나눈다. 넓은 세상을 구경하기 위해 특별한 친구 다섯이 모였다.

폭풍우 속에서도 다섯 명의 친구는 자신만의 재주로 비를 피할 곳을 만들었다. 혼자라면 해내지 못했을 것을 다섯 친구는 함께 성공시켰다. 그림책의 마지막 페이지에서 표지의 그림을 다시 만날 수 있다. 다섯 명의 친구가 넓은 세상을 향해 나아가기 위해 서로를 응원하는 그 장면으로 그림책은 마무리된다. 이 그림책이 지금도 기억이 나는 건 첫 수업의 소재라서만은 아니다. 그림책의 주인공들은 혼자서는 이뤄내지 못할 도전 앞에서 친구들과의 협동으로 성공을 경험했기 때문이다.

나에게는 그림책 선생님이 되고 싶다는 꿈이 있었다. 그래서 그림책 공부를 시작했고, 그림책을 좋아하는 사람들과 함께했다. 내가 하고 싶은 일이 있다면 관심이 비슷한 사람들이 있는 곳으로 다가가자. 공부만 하고 그냥 물러서지 말자. 배우고자 했던 그 열정으로 함께 준비해서 세상과 연결할 수 있는 기회를 잡자. 혼자서는 도전하기 어려운 일도 함께라면 훨씬 쉽다. 서로가 응원과 격려를 주고받으며 함께 성장하면 된다. 실수도, 실패도 또 하나의 멋진 경험으로 우리를 성장시킬 것이다.

"새로운 일을 시작하다 보면 넘어질 수도 있는 거야." 「우리는 특별한 친구」중에서.

'선생님'이라는
호칭을 다시 찾다

둘째의 손을 잡고 하원을 하던 길이었다. 앞뒤로 손을 흔들며 놀이터를 지나고 있을 때 나를 부르는 소리가 들렸다.

"가현 엄마, 잠깐만! 물어볼 게 있어요."
"안녕하세요? 오랜만이에요."
"가현 엄마, 아이들 가르친 경험 있다고 했죠?"
"예, 조금씩 다시 시작하고 있어요. 왜요?"

우리의 하원 길을 멈추게 했던 언니는 가까운 지역에서 크게 카페를 운영하고 있었다. 지인이 운영하는 공방에서 선생님을 찾고 있다는 소식을 전하며 연락처를 하나 건넸다. '어떤 선생님이지?

무엇을 가르치는 것일까?' 궁금했다. 나는 두 아이에게 간식을 주고 얼른 통화를 시도했다. 전화를 받으신 분은 창작공예협회 대표였다. 대형 마트에 입점하는 강의와 제휴를 맺고 인천지점의 강사를 모집하고 있었다. 대표님은 가까운 대형 마트 문화센터에서 강의 할 수 있는 기회가 생긴다는 말씀을 하셨다. 귀가 솔깃했다.

나는 대표님과 통화를 한 다음 날, 공방을 찾았다. 자세한 이야기를 듣고 싶었기 때문이다. 공방에는 유치원으로 공예 수업을 나가는 강사님들이 모여 수업 준비를 하고 있었다. 활기찬 선생님들의 모습이 좋았다. 그중에는 이번에 시작하는 문화센터의 강의에 참여하는 강사님도 있었다. 대표님의 설명은 이랬다. 영유아를 대상으로 하는 오감발달 프로그램을 진행하는 교육사업체와 제휴를 맺어 인천지점을 시작했고, 일정 기간의 교육을 받고 나면 H 마트 문화센터에 강사로 일할 수 있다고 하셨다.

"이건 본사에서 공지한 교육 날짜예요. 가능하시겠어요?"
"교육 장소는 어디일까요? 여기에서 진행하나요?"
"교육 장소는 의정부 본사예요. 좀 멀죠?"
"의정부요? 본사에서 직접 진행 하나 봐요."

너무 멀었다. 교육이 주말이라 아이들도 걱정이었다. 하지만 생각과는 달리 가슴은 뛰고 있었다. 이 기회를 잡으면 선생님으로 일하고 싶다는 나의 꿈을 이룰 수 있을 것 같았다. 교육에 참여할 수 있냐는 대표님의 질문에 선뜻 할 수 있다는 말은 못 했지만, 나의 머리는 여러모로 방법을 찾고 있었다. 그만큼 간절했다. 그날 저녁 대표님으로부터 받은 교육 일정을 다시 보았다. 토요일 오전에 진행되는 교육 일정을 확인하고 남편과 이야기를 시작했다.

"여보, 나 선생님으로 다시 일하고 싶어. 문화센터에서 강의할 수 있는 자격을 갖추는 연수가 있대."

"그래? 아이들 등원한 시간에 할 수 있으면 좋지. 연수는 언젠데?"

"다음 주말부터야. 의정부 본사에서 진행한대."

"괜찮겠어? 너무 멀어서 어떻게 가려고?"

스케줄 근무를 하고 있었던 남편은 주말마다 시간을 뺄 수 없었다. 하지만 양가 어머니의 도움을 받아 연수에 참여할 수 있었다. 감사했다. 난 동료 선생님과 함께 전철에 올랐던 그 날 아침을 잊을 수가 없다. '홀가분하게 가방 하나를 들고 외출을 하다니!' 그 상황이 몇 년 만인지 어색하면서도 싫지 않았다. 아니 제대로 숨을 쉬는 기분이었다.

2시간여를 달려 도착한 곳에서 6시간의 교육을 받았다. 전국 각지에서 연수를 받으러 온 선생님들과 인사를 나누며 교육은 시작되었고 그렇게 4주가 흘렀다. 난 연수를 받으면서 출강할 수 있는 마트의 문화센터와 특강 일정을 계획했다. 집에서 5분 거리의 문화센터도 있고, 버스를 타고 한 시간 거리의 교육 장소도 있었다. 그저 주어지는 대로 맞췄다. 내가 선생님이라는 역할을 할 수 있다는 사실에 너무 집중되어 있었다.

그렇게 특강이 시작되면서 '이건 아닌데?'라는 의문이 시작되었다. 본사에서는 그 어떤 것도 지원하지 않았다. 강의계획안도 준비물도 각자 준비해야 했다. 지점의 동료 선생님들과 논의하고 함께 준비물을 구입하면서도 의문은 풀리지 않았다. 게다가 지점 대표님의 태도가 달라지고 있음을 느낄 수 있었다. 대표님은 지점을 성장시키고자 하는 마음이 사그라들고 있었다. 결국, 두 번의 특강 수업 진행 후 계획된 강의는 모두 폐강되었다. 다시 시작된 나의 첫 선생님 역할은 그렇게 마무리되었다. 허무했다. 어이가 없었다. 멀리까지 교육을 받으러 갔던 시간과 노력이 아까웠다. 세상을 향한 나의 숨쉬기는 긴 한숨으로 끝났다.

「이솝우화」에서 프로메테우스가 사람을 만들었을 때 자루를 두 개 달아주었다고 한다. 하나는 남의 흉이 든 것이고 다른 하나는 제 흉이 든 것이었다. 프로메테우스는 남의 흉이 든 자루를 앞에 달아주고 다른 자루를 뒤에 달아주었다. 그래서 사람들은 남의 흉은 대번에 알아보지만 제 흉은 보지 못했다고 한다. 그 일을 겪으며 배운 것이 있었다. 일을 시작하기에 앞서 내가 나를 들여다봐야 한다.

첫째, 내가 하고자 하는 것이 무엇인지 명확히 아는 시간이 필요하다. 선생님이라면 누구에게 무엇을 어떻게 가르치는 것인지 명확히 알아야 한다. 대상자도 교육내용도 얼버무린 상태로는 진행해서는 안 되는 것이었다.

둘째, 내가 실제로 진행할 수 있는 일인지 파악해야 한다. 주어지는 대로 맞추는 것이 아니라 나의 상황을 객관적으로 바라볼 수 있어야 한다. 여기저기에서 강의할 수 있다고 수락했을 때부터 문제는 시작되고 있었다.

셋째, 나의 선택에 책임을 져야 한다. 계획된 강의를 타의에 의해 폐강시킨 것이 지금도 마음의 빚으로 남아있다. 나의 선택에 끝까지 책임질 수 없는 상황에 놓였을 때 내 마음이 괜찮을지 생각해봐야 한다. 나는 불편하고 힘들었다. 그런 상황을 다시 만들고 싶지 않았다.

나만의 수업을 계획하다

그해 여름, 독서지도 수업에서 배운 것을 실행할 수 있는 기회가 생겼다. 마을의 종합사회복지관에서 창작미술 강사를 모집한다는 공고를 보게 된 것이다. 공고문을 자세히 읽고, 내가 할 수 있는 수업을 구상했다. 이력서보다 수업계획서를 먼저 작성했다. 내가 책임질 수 있는 수업인지 내가 알아야 했기 때문이다. 나는 창작미술 수업에 그림책을 떠올렸다. 다양한 상상의 시작을 그림책으로 열어주고 싶었기 때문이다.

유아기의 아이들에게 그림책과 미술놀이를 연결하면 나만의 수업을 즐겁게 만들어갈 수 있으리라 생각했다. 수업계획안을 작성하면서부터 즐거웠다. 그 마음을 담아 이력서까지 작성했고, 복지관으로부터 합격 연락을 받았다.

진짜 '선생님'이라는 호칭을 다시 찾았다. 그림책을 들고 일주일에 두 번, 마을의 아이들을 만나면서 나는 선생님이 되었다. 내 강의실에서 아이들을 기다리며 수업을 준비하는 시간이 꿀맛 같았다. 내가 구상한 수업계획안대로 준비물을 놓아두고 바라보고 있으면 아이들의 웃음소리가 들리는 듯했다. 강의실 문이 열리고 "선생님!"이라고 외치며 달려 들어오는 아이들과 수업을 진행하면서 나는 살아있음을 느꼈다. 그 상쾌한 두근거림으로 내 삶을 채우고 싶었다.

좋아하는 일을 계속하면 능히 잘하게 된다. 잘하게 되면 즐길 수 있다. 내가 즐길 수 있는 일로 하루하루를 채우는 것이 맞다. 가슴 두근거리게 좋아하는 일을 찾자. 실수해도 괜찮다. 배우는 것이 있었으면 그뿐. 그 시간과 과정이 절대 헛되지 않다. 나의 경험만 봐도 그렇다. 세상을 향해 열심히 달려나가고자 했던 나를 응원하며 오늘도 내가 좋아하는 일을 준비한다. 마을의 아이들과 그림책을 읽는다. 좋아하는 일에 도전하면서 꿈을 꾸는 세상의 모든 엄마를 응원한다.

"무엇을 안다는 것은 그것을 좋아하는 것만 못하고, 무엇을 좋아하는 것은 그것을 즐기는 것만 못하다." 「논어」

엄마도
꿈을 이룰 수
있습니다

3장

나는 나부터
키워보기로
했다

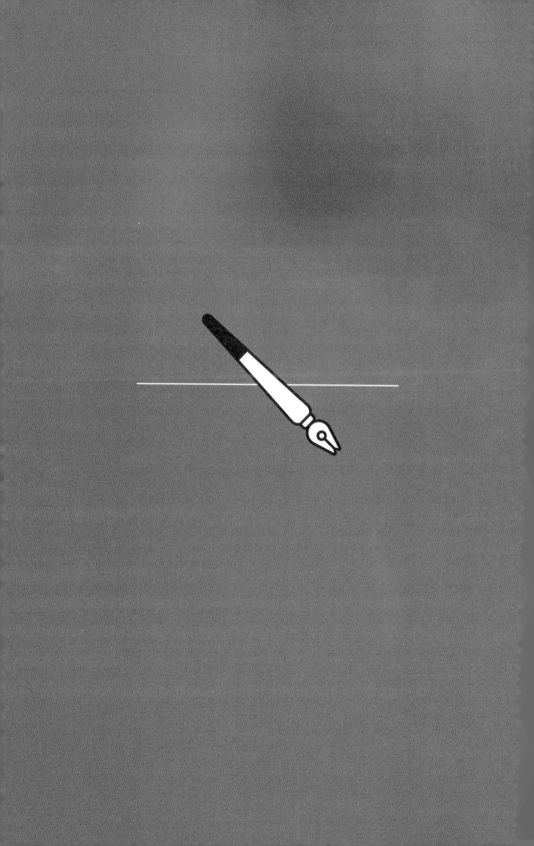

새벽,
그 기적의 시간

"엄마, 엄마? 엄마아~"

"응, 미안해. 엄마가 못 들었어."

"엄마 나빴어! 나 삐짐이야."

오늘도 나는 나쁜 엄마가 되었다. 뭐가 그리 급한지 아이는 나를 두세 번씩 연거푸 부른다. 하지만 나도 늘 바쁜 것이 사실이다. 눈 돌리면 해야 할 일이 쌓여있다. 싱크대에는 설거지가 가득하고, 세탁기가 어서 빨랫감을 꺼내 달라고 노래를 부르고 있다. 거실에는 여기저기 먼지들의 향연이고, 침대 위 이불은 늘 두세 겹 겹쳐져 있다. 여기저기로 뛰어다니며 집안일을 하다가 숨을 돌리고 있으면, 아이가 달려온다. 품으로 와락 달려드는 아이가 너무 예쁘면

서도 몰아쉬고 있던 숨이 그대로 아이 위로 쏟아지면 괜한 짜증이
밀려온다.

'아, 나도 놀고 싶다!'

단 10분이라도 집중해서 책을 읽고 싶었다. 아이가 나를 부르는 '
엄마' 소리에 끊기지 않는 나만의 시간을 가지고 싶었다. 그런데 아
이와 함께하는 그 모든 시간은 늘 내 귓가에 '엄마'가 들렸다. 나를
애타게 부르는 그 소리를 제대로 듣지 못하는 경우도 많았다. 그렇
게 나는 아이를 외면하는 엄마가 되었다. 미칠 것 같았다.

"일이 아니라, 당신이 하고 싶은 것을 못 하는 것이 당신을 미치
게 하는 것입니다."

엘리자베스 퀴블러 로스와 데이비드 케슬러의 「인생 수업」에 나
오는 말이다. 해야 할 일이 너무 많아서 답답한 것이 아니었다. 내
마음대로 놀지 못해서 미칠 것 같은 것이었다. 엄마가 아니라 오
롯이 나를 위한 놀이시간을 만들어야 했다. 그저 단 30분 만이라
도 고요한 시간을 가지고 싶었다. 아이가 나를 부르지 않는 시간
은 잠든 이후였다. 아이를 재우고 나면 나만의 시간을 가질 수 있
으리라 생각했다. 하지만 아이를 재우면서 내가 먼저 잠드는 것이

문제였다. 온종일 집 안에서 아이와 함께 종종걸음을 쳤으니 피곤한 것은 당연했다.

'또 잠들어버렸네! 언제 놀 수 있을까? 조금만 일찍 일어나볼까?'

그렇게 그저 단순히 혼자만의 놀이시간을 가지고 싶다는 생각으로 시작한 새벽 기상이었다. 처음에는 딱 30분만 일찍 일어났다. 아이와 함께 잠이 드니 조금 일찍 일어나는 것은 그리 어렵지 않았다. 6시 30분, 알람이 울리고 조용히 자리에서 일어났다. 그리고 식탁 위에 아무렇거나 밀어두었던 책을 들고 소파에 앉았다. 책갈피를 넣어 둔 페이지를 펼쳤지만, 전혀 내용이 이어지지 않았다. 당연했다. 나는 처음부터 다시 읽기로 했다. 그래도 상관없었다. 내가 하고 싶은 대로 했다.

고개를 들어 거실의 시계를 확인했을 때 시곗바늘은 7시 10분을 가리키고 있었다. '40분이 지나도록 고요하게 책을 읽을 수 있다니!' 놀라웠다. 그리고 내 마음대로 할 수 있는 것이 그냥 좋았다. 나만의 놀이시간을 챙길 수 있는 방법을 알게 되어서 너무 기뻤다. 그렇게 새벽을 내 것으로 만들기 시작했다. 하지만 매일 성공한 것은 아니었다. 아이들과 함께 잠들었다가 뒤척거리며 몇 번이나 잠이 깬 날은 습관처럼 늦게까지 핸드폰을 보며 시간을 보냈다. 그런 날은 어김없이 늦잠을 잤다. 내 시간을 제대로 가지지 못한 것이 아쉬웠다.

엄마의 시간을 위한
전략 5가지

나만의 시간을 가지기 위해서는 전략이 필요했다. '아이와 함께 있으니 시간이 없다'는 고정관념을 버리고 내 시간을 찾기 시작했다. 다음은 지난 5년간 새벽 기상을 지속하면서 생긴 나의 전략이다.

첫째, 새벽, 내가 하고 싶은 일을 정한다.
새벽에 일어나는 것이 목표가 아니다. 나만의 시간에 내가 하고 싶은 것이 무엇인가를 정해야 한다. 나는 책을 읽고 싶었다. 여러 선생님께 추천받아 기분 좋게 구입한 책들이 아이들의 책장 한구석에서 먼지만 덮고 있었다. 책에 쌓인 먼지를 털어내고, 그중 한 권의 책을 책상 위에 놓았다. 일어나자마자 바로 읽을 수 있도록 준비를 한 것이다. 잠들기 전, 책 표지를 쓸며 "내일 같이 놀자!"라는 인사말도 건넸다.

둘째, 일찍 잠들어야 일찍 일어날 수 있다.

아이를 재우면서 늘 아쉬웠다. '아이만 재우고 어서 일어나야지'라는 생각으로 마음이 급해지면 아이는 귀신같이 눈치를 채고 더 잠투정을 하며 눈을 부릅떴다. 그런 아이를 토닥이며 시계를 보면 긴 한숨이 나왔다. 어느새 한 시간을 훌쩍 넘기는 날도 있었다. 하지만 새벽에 내 시간을 가지자는 목표를 가지고 나서는 아이와 함께 느긋하게 잠들었다. 내가 평안히 눈을 감고 아이를 다독이니 아이도 더 편안하게 잠들었다. 뒤척이다가도 엄마의 여유로운 숨소리에 다시 눈을 감고 잠들었다.

일찍 잠드니 일찍 깨기가 쉬웠다. 아이보다 30분 일찍 깨어나는 것을 성공하니, 1시간 먼저 일어나는 것도 도전하고 싶었다. 생각이 든 그 날, 바로 시도했다. 처음보다는 쉬웠다. 물론 실패하는 날도 있었다. 나는 그렇게 나의 시간을 조정하며 찾아갔다. 일찍 잠들어야 일찍 깰 수 있다.

셋째, 함께하며 기록한다.

새벽, 나만의 시간에 노는 것이 즐거웠다. 책을 읽다가 마음에 드는 문장이 있으면 사진도 찍어 두었다. 그렇게 찍은 사진이 핸드폰의 갤러리에 쌓이기 시작했다. 뿌듯하게 바라보던 어느 날, 과거에 가입해 둔 온라인 카페에서 새벽 기상을 인증하는 게시판을 발견했다. 사진마다 날짜와 시간이 찍혀있었다. 신기했다. 앱을 활용하면 새벽 기상 인증샷을 찍을 수 있었다. 새로운 것을 배우면 바로 시도했다. 그저 놀이로 여기니 가볍게 시작할 수 있었다. 고요한 나의 시간, 오늘 첫인사를 나눈 책의 표지를 촬영했다. 날짜와 시간이 그대로 기록되었다. 나 외에도 누군가 이 시간에 함께 일어나서 뭔가를 하고 있다는 생각에 외롭지 않았다. 기록하고 게시판에 나누면서 새벽 기상은 더 재밌는 놀이가 되었다.

넷째, 나에게 선물한다.

새벽을 가지는 그 자체가 나에게 선물이었다. 생각한 것을 실천하고 이룬 작은 성공에 어깨도 으쓱했다. 어린 시절엔 나를 칭찬하는 어른이 있었다. 머리를 쓰다듬어 주시던 부모님이 계셨고, '참 잘했어요' 도장을 찍어주시던 선생님도 계셨다. 하지만 어른이 된 내 옆에는 칭찬을 건네는 사람이 없었다. '내가 나를 칭찬하면 되겠다!' 아쉬움 속에서 깨달았다. 어른인 나는 내가 나를 칭찬하면 되었다. 나는 나만의 시간을 가지려고 노력한 나에게 커피와 조각 케이크를 선물했다. 그 어느 때보다 달콤한 맛이었다. 내가 나를 칭찬하며 나는 새벽 기상을 계속했다.

다섯째, 실패해도 괜찮다. 다시 시작하면 되니까.

이런저런 전략에도 늦잠을 자는 날이 있다. 마음보다 몸이 더 지친 날이다. 그런 날은 쉬어가면 된다. 하루 늦게 일어났다고 큰일 나지 않는다. 푹 자면서 내 몸을 돌본 나를 토닥이면 그뿐. 내가 만든 계획에 내가 얽매이지 않도록 주의하자. 언제든 다시 시작할 수 있고, 그렇게 이어가면 그뿐이다. 멈췄다가 다시 시작하면 이미 내 안에 노하우가 있어 더 쉽게 이어갈 수 있다. 나에게 맞게 하면 된다. 다 괜찮다.

"진리란 인간에게 모든 것을 빼앗아 갈 수 있어도 단 한 가지, 마지막 남은 인간의 자유, 주어진 환경에서 자신의 태도를 결정하고, 자기 자신의 길을 선택할 수 있는 자유만은 빼앗아 갈 수 없다."

「빅터 프랭클의 죽음의 수용소에서」의 한 문장이다. 나에게는 나의 시간을 선택할 자유가 있다. 각자에게 주어진 환경에서 자신에게 알맞은 것을 선택하면 된다. 나의 선택은 전적으로 나의 자유다. 나에게 나만의 시간을 선물하자. 새벽, 그 기적의 시간에 만들어갈 당신만의 이야기가 기대된다.

고전,
최고의 자기계발서를
만나다

"어느 날인가 해지는 걸 마흔세 번이나 본 적이 있어. 아저씨도 알지? 마음이 아주 슬플 때 해지는 모습을 보는 걸 좋아하게 된다는 걸."

"마흔세 번이나 해지는 걸 본 날은 그렇게나 많이 슬펐던 거야?"

어린 왕자는 아무런 대답이 없었다.

생텍쥐페리의 「어린 왕자」 속 한 장면이다.

해가 넘어가는 시각, 돌쟁이 아들은 울기 시작했다. 그렇게 꼬박

두 시간을 울고 나서야 잠이 들곤 했다. 잠투정은 매일 반복되었다. 몸도 마음도 지치고 서글퍼진 내 곁에는 공허함만 가득했다. 슬프고 지쳤을 때 하소연 할 사람이 있었다면 조금 나았을까? 하지만 아무도 없었다. 고요해진 거실에서 난 그저 조용히 눈물만 흘릴 뿐이었다.

세 시간마다 수유를 하며 긴 밤을 보내고 새벽을 맞이한 어느 날, 책장 맨 아래로 시선이 갔다. 언제부터 거기에 자리 잡고 있었는지도 모르는 생텍쥐페리의 「어린 왕자」가 보였다. 그리고 우연히 펼쳐 든 장면에서 비행기 조종사와 어린 왕자의 대화를 읽었다. 거기엔 "그렇게나 많이 슬펐던" 어린 왕자가 있었다. 아무런 대답도 하지 않는 어린 왕자의 마음을 너무나도 알 것 같아서 나도 가만히 바라보았다. 그렇게 난 위로받고 있었다.

아이와 매일 실랑이를 벌이며 하루하루를 살던 어느 날, 한 온라인 카페에서 온 쪽지를 발견했다. 쪽지를 보낸 이는 「어린 왕자」를 어른들을 위한 고전으로 적극 추천하고 있었다. 우연히 다시 읽지 않았다면 피식 웃으며 넘겨버렸을지도 모른다. 하지만 나는 쪽지를 클릭했고, 초대에 응해 카페도 둘러보게 되었다. 「아레테 인문 아카데미」의 대문에는 이런 글귀가 있었다.

"숙고하지 않는 삶은 가치가 없다!"

'인문고전에서 배우는 사유의 힘?'
'평범함을 탁월함으로 바꿀 수 있는 진정한 자기계발?'

어려웠다. 무슨 뜻인지 이해가 안 됐다. 그런데 궁금했다. 그리고 계속 머무르게 되었다. 딱 한 장면으로도 위로받은 고전이 궁금했다. 그래서 무작정 함께 읽어보기로 했다. 새벽 기상 시간에 하고 싶은 일이 또 하나 생긴 것이다.

"내가 할 수 있는 최대의 선행이라고 자부하는 사람 하나하나를 만나 문답을 할 수 있는 곳으로 직접 찾아가는 것입니다. 다시 말해서 여러분 한 사람 한 사람을 붙잡고, 자기 자신이 되도록 훌륭한 사람이 되고 사려 깊은 사람이 되도록 마음을 쓰고, 개인적 이익을 구하기에 앞서 덕과 지혜를 추구해야 한다고 설득했습니다."

고대 그리스의 철학자 플라톤이 쓴 「소크라테스의 변론」의 한 문장이다. '소크라테스, 플라톤? 내가 그 유명한 두 철학자를 이렇게 쉽게 만날 수 있다니!' 호기심 가득한 마음으로 펼친 고전에서 친절한 스승 소크라테스를 만났다. 그는 한 사람 한 사람을 붙잡고 마음을 쓰며 설득하고 있었다. 자기 자신이 되라고, 훌륭한 사람이 되라고, 사려 깊은 사람이 되라고 끊임없이 말했다. 그렇게 살아가는 것이 행복한 삶이라고 알려주었다.

고전 읽기, 질문을 떠올리는 시간

'자기 자신이 되는 것?'
'행복한 삶을 사는 것?'

내 마음 안에서 계속 질문이 떠올랐다. 그리고 자연스럽게 '생각'이라는 것을 하고 있었다. 정답은 없었다. 내가 질문을 떠올리고 나에게 알맞은 정답을 찾아가는 시간이 좋았다. 그래도 뭔가 아리송했다. 내가 읽고 생각하고 끄덕이는 것들이 맞는지 확인하고 싶었다. 하지만 고전은 문제집처럼 정답지가 첨부되어 있는 책이 아니었다. 나는 꾸준히 읽어보기로 했다.

"나는 무엇을 써야 할 것인가를 알지도 못하면서 글을 썼으며 무엇을 가르쳐야 할 것인가를 알지도 못한 채 가르쳤다."

"어떻게 살아야 하는가? 무엇을 해야 하는가? 이것은 중대한 문제다. 항상 똑같이 반복되는 의문에 대해 대답을 해야 한다."

「톨스토이 참회록」에 나오는 문장이다. 대문호 톨스토이도 혼란스러운 시기가 있었다. 주변의 말 한마디에 흔들리고 목적도 없이 글을 쓰고 가르쳤다. 눈에 보이는 명성에 집중해서 정신병 환자처럼 괴로워하기도 했다. 하지만 내면에서 끓어오르는 질문을 무시하지는 않았다. '어떻게 살아야 하는가?', '무엇을 해야 하는가?' 톨스토이가 질문했던 문장을 오늘의 나도 되뇌고 있다. 나에게 알맞은 대답을 찾기 위해 애써보라는 톨스토이의 응원도 들렸다.

고전은 어렵고 이해하기 힘들 것이라는 고정관념이 있었다. 대학의 교수님들이나 학자들의 해석 없이는 감히 다가서지도 못할 것이라 여겼다. 그런데 실제로 펼쳐보니 그렇지 않았다. 고전 속 인물들은 나와 같은 고민을 하고 있었다. 그리고 자신만의 정답을 찾아 살아내고 있었다. 그 살아낸 흔적을 기꺼이 글로 남겨 우리에게 외치고 있었던 것이다. 사방을 둘러보지 말고 내면의 소리를 들어야 한다고 말이다. 나는 이런 방법으로 고전을 읽고 필사하며 나를 키워보기로 했다.

고전 필사의 3단계

1) 15분, 고전 읽기

책을 펼치자마자 빠르게 읽어내려가기에 급급했던 때가 있었다. 하지만 읽고 나면 아무런 기억도 남지 않았다. 그저 다 읽었다는 잠시의 뿌듯함만 남았다. 고전은 그렇게 읽어서는 이해할 수 없다. 그래서 시간을 정해두고 천천히 읽었다. 타이머를 15분에 맞추고 연필을 들고 읽기 시작했다. 마음에 드는 문장이 있으면 밑줄을 긋고, 내 마음을 울리는 문장을 만나면 다시 읽으며 별표도 했다. 책에 끄적이는 것을 두려워하지 말자.

2) 필사하기

15분 알람이 울리면 읽는 것을 멈추고 필사 노트를 펼쳤다. 내가 좋아하는 펜을 들어 밑줄을 그어 둔 부분만 다시 읽고, 그대로 노트에 따라 적었다. 띄어쓰기, 문장부호까지 유심히 살피며 천천히 기록했다. 단어와 문장에 집중하니, 아무 걱정 없이 고요해졌다. 편안했다. 그렇게 책의 저자와 깊이 소통하는 느낌을 만끽했다.

3) 나의 생각 기록하기

책을 읽으며 떠올랐던 질문을 적었다. 고개를 갸우뚱거리며 잘 이해하지 못하는 부분도 물음표와 함께 적어두었다. 그리고 내가 이해한 만큼 느낌을 적을 때도 있었다. 단순 명쾌하게 써질 때도 있고, 아무리 곱씹어도 단 한 문장도 쓰기 힘들 때도 있었다. 그러면 그런 마음을 있는 그대로 적었다. '오늘은 정말 잘 모르겠다. 그런 날도 있는 거지 뭐. 내일은 아하! 할 수 있기를 소원해본다.' 느낌만 적어도 후련했다. 내 생각은 내가 주인이니 상관없다. 내가 쓰는 문장에 자신감을 가지자.

책장 한쪽에 고전이 한 권, 두 권 자리를 잡았다. 더불어 하루에 한쪽씩 적어 내려간 필사 노트도 10권을 넘기고 있다. 그렇게 읽고 생각하고 쓰면서 보낸 시간이 나를 키웠다. 고요한 새벽에 다짐했던 문장으로 하루를 살았다. 반복되는 일상 속에서 후회하고 반성할 일들이 생겼지만, 또 읽고 쓰면서 다짐할 수 있었다. 그렇게 나를 용서하고 나에게 응원을 보냈다.

최고의 자기계발서, 고전을 펼쳐보자. 어렵다는 고정관념을 잠시 내려두고 그냥 펼치기부터 하자. 시작하면 할 수 있다. 나에게 알맞은 방법은 실천하면서 찾아가면 된다. 고전을 읽으며 내 마음의 이야기를 듣는 시간, 내가 나를 돌보는 가장 좋은 시간이 될 것이다.

"이제는 한 번이라도 진짜로 살아보고 싶었다. 세상에 내 안의 뭔가를 꺼내 보이고, 세상과 진짜 얽혀서 다퉈보고 싶은 마음이 간절했다." 「데미안」 헤르만 헤세

엄마라서
책을 씁니다

'왜 나한테만 이렇게 힘든 일이 일어나는 거야?'

'다른 사람들도 이렇게 다 경험하는 거야?'

'힘들이지 않고 완성되는 건 하나도 없는 걸까?'

1박 2일 동안 이어진 유도분만 그리고 제왕절개 수술. 출산의 가장 안 좋은 케이스라고 이야기하는 과정을 거쳐 첫째를 만났다. 나의 출산 사전엔 절대 수술은 없다고 생각했다. 그래서 임신·육아 백과의 수술 과정은 찾아보지도 읽어보지도 않았다. 그런데 아이는 자연분만으로 나올 생각이 없었다. 진통은 최고수치를 찍으며 그래프가 출렁거렸지만, 분만 과정은 진행되지 않았다. 아이가 산도를 밀고 내려오지 못하고 1박 2일을 보냈다. 그리고 이튿날 오후

4시가 되어서야 수술을 결정했다. 준비를 마치고 단 몇 분 만에 아이는 세상에 태어났다. 이렇게 쉬운 방법이 있었는데, 나의 고집으로 아이는 참 많이 고생하며 세상과 만났다.

나뿐만 아니라 아이를 낳은 엄마라면 모두 가지고 있는 자신만의 임신, 출산 스토리다. 아이가 엄마의 자궁에 자리를 잡고 열 달 동안 성장하다가 세상에 태어난다는 사실은 같다. 하지만 이 말은 거짓말이다. 100명의 엄마가 있으면 100개의 스토리가 다 다르다. 아이가 태중에서 자라는 환경이 모두 다르고, 태어나는 과정은 더 다르다. 태어난 후의 성장 과정은 말할 필요도 없다. 그렇게 세상 누구와도 같지 않은 경험이 고스란히 나에게 쌓이는 것이다.

그 힘든 경험 속에서 허우적거릴 때는 몰랐다. 지치고 아프고 힘든 그 경험이 나만의 것이라는 것을 알 수 없었다. 아이를 키워내느라 나만 힘들고 나만 멈춰있다는 생각에 세상이 원망스러웠다. 쉬운 일이 하나도 없는 것에 짜증만 났다. 육아서에서 만난 신생아는 하루의 2/3를 잔다고 하는데 내 아이는 하루의 2/3를 울고 있으니...

"기다릴 수 있어야 한다. 기다림을 아는 사람은 절대 흥분하지 않고 참을성이 많은 대범한 마음을 증명한다. 먼저 자신을 지배하라. 신은 몽둥이가 아니라 시간으로 성숙하게 만든다. 기다리는 자만이 커다란 행운을 잡을 수 있다."

발타자르 그라시안의 「세상을 보는 지혜」 속 문장이다. 저자는 책에서 "신은 시간으로 사람을 성숙하게 만든다"라고 했다. 아이를 안고 이러지도 저러지도 못하는 시간에 나는 멈춰있는 것이 아니었다. 언어로 소통이 안 되는 생명과 소통하는 법을 배웠고, 내가 아니라 다른 사람의 마음에 공감하는 법을 치열하게 익히고 있었다. 짧은 시간에 배우면서 익히고 적용하느라 힘이 들었다. 당연했다. 나는 시간을 보내며 기다렸다. 시간이 아이를 키웠고, 더불어 나도 함께 진짜 엄마로 자랐다.

엄마, 작가가 되다

14년 차 엄마가 된 지금, 나는 나만의 경험이 너무나 소중하다는 것을 안다. 세상에 이 경험을 나눌 사람은 오로지 나밖에 없다는 것도 알게 되었다. 그래서 나는 책을 쓰기 시작했다.

'내가 책을 쓸 수 있을까?'
'나의 경험이 누군가에게 도움이 될까?'

책을 쓰기로 마음먹고 매일 노트북을 펼치면서도 두려웠다. 세상에는 이미 수많은 작가가 있다. 그리고 그보다 더 많은 책이 매일 쏟아지는데 나의 글이 세상에 도움이 될지 확신할 수 없었다. 하지만 걱정을 멈추고 일단 시작하고 나서야 알았다. 내 안에는 이미 많은 사례(경험)가 있었다. 발견하지 못하고 쌓아두기만 했던 경험들이 '책 쓰기'라는 활동을 통해 쏟아져 나왔다.

나의 첫 책은 그렇게 세상에 태어났다. 나는 첫 책, 「내 아이 잠재력을 깨우는 하루 한 권 그림책 놀이」는 쓰면서 울었고, 손에 받아 들고 또 울었다. 내가 아이를 키우며 느끼고 깨달은 것을 내가 직접 글로 옮기면서 성장했음을 알았다. 신생아를 손에 든 나는 초보 엄마였다. 그래서 매일 당황하고, 불안하고 두려웠다. 하지만 지금은 아니다. 내 안에는 아이와 함께 보낸 시간 덕분에 나도 모르게 쌓인 노하우가 있다. 거실에서 아이와 함께 놀아주었던 그림책 놀이는 있는 그대로 책이 되었다.

"그림책이 있어 정말 감사하다. 그림책으로 내가 치유 받고, 아이들과 신나게 놀이를 했다. 그리고 이제는 그 그림책을 들고 마을의 아이들 앞에 그림책 전문가로 서 있다."

책의 '여는 글' 속 한 문장이다. 엄마가 아니었다면 아이들에게 그림책을 읽어주지 않았을 것이다. 엄마가 아니었다면 아이들과 거실에서 한바탕 신문지 놀이도 하지 않았을 것이다. 엄마였기에 가능했던 그 모든 경험으로 나는 책을 쓸 수 있었다.

책을 쓰며 나의 노하우는 정리가 되었다. 이곳저곳에 쌓여있던 자료들은 목차에 따라 분류가 되었고, 아이들과 즐겁게 읽으면서 강점 지능을 높여주었던 그림책 목록은 그대로 강의계획서가 되었다. 나만의 것으로 세상과 만나는 전문가가 된 것이다. 엄마의 책 쓰기는 성장의 지름길이 되었다.

"강사님, 이제 작가님이시기도 하니 이번 공모사업에는 꼭 선정되실 거예요."

3년 전부터 '도서관과 함께 책 읽기' 공모사업에 신청서를 쓰고 있었다. 하지만 줄곧 선정되지 못했다. 사서 선생님과 나는 2022년, 올해 또 도전한다. 3년 전의 나는 아이를 키우며 그림책 놀이 수업을 시작하는 초보 강사였다. 하지만 지금은 엄마이자 강사이고 책을 쓴 작가다. 선생님과의 대화를 통해 그만큼 성장했다는 것을 느낄 수 있었다. 뿌듯했다.

내가 했으니 엄마인 당신도 할 수 있다. 나 역시 불안하고 두려워하며 시작한 책 쓰기다. 하지만 두려운 마음을 보듬고 일단 시작했다. 그리고 꾸준히 매일 썼다. 아이를 키우는 엄마는 긴 시간 집중할 수 없다. 그러니 몰입할 시간을 만들고 그 시간에 집중하면 된다.

　나의 책 쓰기 시간은 새벽이었다. 책을 읽고 싶어 아이들보다 조금 일찍 일어난 나는 고전 필사를 시작했고, 책 쓰기로 이어졌다. 하루에 딱 한쪽만 썼다. 제목을 노려보면서 사례를 떠올리고, 그림책과 놀이가 선정되면 부지런히 손가락을 움직였다. 아이들과 나누었던 대화, 아이들의 웃음소리가 그대로 글이 되었다. 집중해서 한쪽을 채워갈 때쯤이면 어느새 한 시간이 휙 흘러있었다. 재밌었다. 나만의 작품을 만들어가는 시간이 좋았다.

　"시야를 확장하고 다르게 보면 세상은 가능성의 장이고, 할 일은 무궁무진하다."

　임성훈 작가의 「살면서 꼭 한 번은 채근담」에 나오는 말이다. 오늘도 어제와 별반 다르지 않은 하루일 것이다. 2년 전 시작된 코로나19 바이러스로 사람들은 외부활동을 멈췄다. 덕분에 엄마들은 아이들과의 시간이 더 길어졌다. 돌아서면 밥을 차려야 하고, 아이들의 투덕거림은 온종일 귓가에 울린다. 시야를 확장하고 다르게 보는 것은 오롯이 엄마인 나의 몫이다. 외부활동이 없어진 2020년, 나는 책 쓰기를 시작했고 작가가 되었다. 매 순간 엄마를 부르는 목소리는 그대로 나의 책에 사례가 되었다.

오늘도 나는 노트북을 펼치고 책을 쓴다. 엄마라서 할 수 있는 책 쓰기다. 내가 보는 것, 내가 느끼는 것, 내가 깨달은 모든 것이 책이 된다. 나의 오감으로 느낀 것은 그 누구도 대신 전할 수 없다. 그러니 자신이 해야 한다. 내가 쓰고 해냈으니 엄마인 당신도 할 수 있다. 책 쓰는 엄마, 작가가 되자.

500일
감사 일기의
기적

"늘 감사하면서 살아. 찾아보면 감사한 일이 참 많아."

어릴 때부터 엄마가 자주 해주셨던 말씀이다. 물론 지금도 대화
의 마지막에는 꼭 잊지 않고 이야기하신다. 엄마는 어떻게 그렇게
감사한 것을 계속 찾을 수 있었을까? 나는 쉽지 않았다. 아이를 키
우면서 더 힘들었다. 2020년 코로나19 바이러스가 나의 일상을 뒤
집으면서 최고조를 찍었다.

'아이고, 이 강의도 중단이네. 나갈 일이 없구나.'
'벌써 저녁 시간이네. 오늘은 또 뭘 먹어야 하나?'
'거실은 왜 이렇게 어지럽히는 거야! 치워도 소용이 없어!'

난 계속 한숨을 쉬고 있었다. 긴 한숨은 하루를 가득 채우고도 남았다. 답답했다. 이런 상황에서는 어떻게 해야 하는지 알 수 없으니 불안했다. 새로운 바이러스와 함께 살아가는 방법을 아는 사람은 아무도 없었다. 이 또한 내가 경험하면서 나에게 알맞은 방법을 알아내야 했다. 문득 신생아를 두 손에 받아들었던 그때가 떠올랐다. 엄마인 나는 두려웠지만 해내야 했고, 아이와 시간을 보내며 나만의 방법을 찾았었다. 분명 이번에도 내 안에서 정답을 찾을 수 있으리라 믿었다. 짜증 섞인 한숨을 멈췄다. 그리고 우선 책을 펼쳤다.

"온갖 일이 일어날 수 있음을 염두에 두고, 무언가 사건이 일어나기 전에 '일어날 수 없는 일이란 없음'을 명심하는 것이야말로 탁월한 지혜다."

「에픽테토스의 인생 수업」의 한 문장이다. '일어날 수 없는 일이란 없구나. 코로나 상황도 그저 일어날 수 있는 일의 하나에 불과하구나!' 일어나고 있는 사건을 내가 어찌할 수 없다고 생각했다. 한탄하고 짜증 내고 한숨을 쉰다고 하루 이틀 안에 사라지는 바이러스가 아니었다. 게다가 우리나라만의 일이 아니라 전 세계적인 일이었다. 그 안에서 살아내야 하는 것이 나의 몫이었다. 난 나의 하루를 짜증으로 시작하고 싶지 않았다. "찾아보면 감사한 일이 참 많다"는 엄마의 말씀을 떠올리며 감사한 일을 찾아보기로 했다.

'코로나 19 바이러스로 아픈 사람들이 많은데 우리 가족은 건강하구나!'

'머물 수 있는 공간, 집은 우리 가족의 안식처가 되는구나!'

'아이들이 나보다 더 이 상황에 잘 적응하고 있구나!'

멈춰서 생각해보니 하나둘 감사한 일이 떠올랐다. 덕분에 헐떡거리며 몰아쉬던 숨도 조금 느긋해졌다. 이내 미소 지으려는 순간, 거실 책상 위에 아무렇게나 놓인 과자 봉지가 눈에 들어왔다. 순식간에 화가 치밀어오르는 것을 느꼈다. '아! 쉽지 않구나!' 감사한 일을 떠올리는 것 가지고는 부족했다. 그렇다고 계속 눈을 감고 있을 수는 없었다.

인터넷 검색창에 '감사'라는 단어를 적어보았다. 연관검색어에 '감사 일기'라는 단어가 떴다. 클릭한 후 확인해보았더니 도서 구입 인터넷 쇼핑몰이 연결되었다. 도서명은 '하루 5분 아침 일기'였다.

'아침에 일기를 쓴다고? 나는 감사 일기를 검색했는데 왜 아침 일기가 연결되지?'

고개를 갸우뚱거리며 검색된 창을 계속 읽어내려갔다. 「하루 5분 아침 일기」는 아침에 눈을 뜨자마자 '지금, 이 순간 감사하고 싶은 일'을 3가지 작성하는 것이었다. 아침부터 '감사'로 시작하는 방법을 제시하고 있었다. 그 뒤로 '어떻게 하면 더 좋은 하루를 보낼 수 있을까?', '나를 위한 긍정의 한 줄은?'이라는 항목도 있었다.

나는 아침 일기를 구입했다. 이틀 뒤 도서를 받아든 나는 책표지의 고급스러운 느낌에 만질수록 기분이 좋았다. 나를 위한 선물이 마음에 들었다. 다음 날 새벽부터 쓰기로 마음먹고, 책상 중앙에 고이 올려두었다. 새 노트를 받아든 새 학년 신입생의 마음처럼 두근거렸다. 드디어 이튿날 새벽, 아침 일기를 펼쳤다. 그런데 단 한 줄도 금세 채우지 못했다. 계속 멈칫거리며 쓰다가 지우기를 반복했다. '이렇게 쓰는 것이 맞나?' 또 정답을 찾고 있었다.

누구도 방법을 제시하지 않았다. 작성방법이 있었지만, 마지막 문장은 "자신에게 맞게 하시면 됩니다"였다. 그리고 제출하고 확인받을 필요도 없는 일기였다. 그런데 왜 편하게 쓰지 못하는 것일까? 머리로만 감사한 일을 찾고 있어서일까? 마음으로 감사하다고 느끼지 못해서였을까?

감사는 발견하는 것이다

눈물을 글썽이며 "감사합니다"라고 외칠 수밖에 없는 일이 생겼다. 아이들과 저녁을 먹었다. 코다리 조림을 맛있게 먹다가 목 넘김이 불편함을 느꼈다. 그런데 이내 편안해져서 대수롭지 않게 여기

107

며 식사를 마쳤다. 그런데 설거지를 하면서 침을 삼키다가 찔릴듯한 통증에 깜짝 놀랐다. 목구멍에 생선 가시가 걸린 것이다. 수차례 따뜻한 물을 마셨다. 억지로 기침도 해보았다. 한 시간여가 지났을 때 '더 이상 지체해서는 안 되겠다'는 생각이 들었다.

밤 9시, 택시를 타고 인근 병원의 응급실로 향했다. 병원만 가면 해결 되리라 생각했다. 그런데 육안으로 보이지 않는 곳의 가시는 빼낼 수 없다는 대답만 돌아왔다. 편안해질 것이라는 기대와 다른 상황에 당황했다. 그리고 불안했다. '집에는 두 아이만 있는데... 지금 대학병원 응급실까지 갈 수 있을까?' 찬 바람이 부는 버스정류장에서 나는 이러지도 저러지도 못하고 핸드폰 시계만 쳐다보고 있었다.

결국, 나는 집으로 돌아왔다. 그 밤, 두 아이의 엄마여야 했다. 목을 쓸어내리며 긴 밤을 보냈다. 그리고 이른 아침, 아침 식사도 거른 채 이비인후과에 방문했다. 의사 선생님과 간호사 선생님의 도움을 받으며 내시경으로 생선 가시를 발견했고, 이내 빼낼 수 있었다. 약 1cm의 가시가 보이는 순간, 울컥했다. "선생님, 감사합니다"라는 인사가 저절로 나왔다.

숨을 편안히 쉴 수 있어서 감사했다. 물을 마실 수 있어서 감사했다. 배고픔을 느끼고 누룽지를 먹을 수 있어서 더없이 감사했다. 긴 하룻밤의 경험으로 나는 알았다.

'내가 살아내고 있는 평범한 일상이 온통 감사한 것이구나!'

당연한 것으로 여겼던 것들이 다시 보였다. 깔깔거리며 잘 놀다가도 투덕거리며 소란을 피우고 있는 아이들, 설거지할 그릇이 가득한 싱크대, 작성해야 할 서류로 가득한 나의 책상까지 어제와 똑같은 우리 집이었는데 그것을 바라보는 나는 180도 바뀌었다. 세상이 아니라 내가 바뀌니 너무나 발견하기 쉬운 감사한 일들이었다.

"감사하면 할수록 감사가 넘쳐나는 은혜를 받게 되고, 하루하루 살아갈 새 힘이 생긴다."

이해인 수녀님의 말씀이다. 감사 일기를 쓰면 하루하루를 살아갈 새 힘이 생긴다고 하셨다. 나는 500일 감사 일기를 쓰면서 알았다. 아침에 감사한 일을 쓰면 행복해진다. 이미 가지고 있는 것을 떠올리며 미소짓게 되었다. 마음이 풍성해지니 여유로워졌다. 바쁜 아침, 꾸물거리는 아이들도 귀여워 보인다. 그것 하나만으로도 감사했다.

감사 일기는 어떻게 쓰면 좋을까?

첫째, 보기만 해도 쓰고 싶어지는 예쁜 노트와 필기도구를 준비하자. 나의 기록을 남길 노트다. 나의 생각이 쏟아지게 할 필기도구다. 나를 기분 좋게 하는 것을 선택하고 나에게 선물하자.

둘째, 감사 일기를 작성할 시간과 장소를 정하자. 나는 아침이 좋았다. 고요하게 시작하는 새벽 시간, 가장 먼저 펼치는 노트가 감사 일기였다. 아침 감사 일기는 하루를 행복하게 만드는 도구가 되었다. 각자에게 알맞은 시간과 장소를 선택하면 된다. 일정한 시간, 일정한 장소에서 습관적으로 나에게 좋은 것을 먼저 하자.

셋째, 지금 당장 감사할 수 있는 것을 세 가지 선택하자. '왜 세 가지일까?' 습관이 되기 전까지는 반복 훈련이 필요하다. 처음에는 한 가지도 찾기 어려울 수 있다. 하지만 감사한 것도 찾을수록 많아진다. 하나씩 발견하면서 깨닫고 선택하고 적으면서 더 행복해진다. 잠시 독서를 멈추고 감사한 일을 떠올려보자. 떠오르는 대로 책의 여백에 적어보자. 그렇게 시작하면 된다.

넷째, 나를 칭찬하며 보상하자. 처음 목표는 딱 일주일로 정하자. 일주일만 해본다는 생각으로 시작하면 부담스럽지 않다. 같은 시간, 같은 장소에서 세 가지의 감사를 떠올리고 적어둔다. 그리고 일주일이 되면 지난 칠일간의 기록을 보면서 나를 칭찬하자. 어깨를 으쓱하며 나에게 보상도 하자. 나는 향긋한 립밤을 구입했다. 아이들이 아니라 오롯이 나를 위해서. 나를 칭찬하는 나의 모습이 뿌듯했다. 칠 일 후 첫 보상, 기억하자.

다섯째, 하루 잊어버려도 괜찮다고 이야기하자. 감사 일기 습관을 가지려면 시간이 필요하다. 그전에는 바쁜 일상에 잊어버리는 날도 있을 것이다. 하루 넘겼다고 좌절하지 말자. 그냥 이어가면 된다. 하루하루 살아내고 있는 나를 기특하게 여기며 다음 페이지를 펼치자. 그렇게 이어 가다 보면 일주일이 한 달이 되고, 100일이 될 것이다. 그동안 매일 매일 나는 행복해진다.

"현자는 갖지 못한 것들에 슬퍼하지 않고, 가진 것들에 크게 기뻐한다." -에픽테투스

아침 감사 일기 500일 차, 나를 위한 긍정의 한 줄에 적은 문장이다. 나는 감사 일기를 쓰면서 내가 가진 것을 발견했다. 이미 많은 것을 가지고 있음을 알았다. 그리고 감탄하고 감동하며 하루를 시작했다. 물론 돌아서면 또 잊어버리고 한숨 쉴 때도 있었다. 하지만 다음 날 새벽이 되면 또 감사한 일을 찾고, 적었다. 매일 떠올리고 매일 적으면서 나에게 다짐한다.

"오늘, 나는 감사하며 행복하기로 정했다."

생각을 현실로,
긍정 확언의 힘

"하는 일마다 잘 되리라."

내가 좋아하는 시편의 말씀이다. 그냥 처음부터 좋았다. 이 문장을 읽으면 누군가로부터 응원받는 기분이 들었고, 새로운 시작 앞에서 두려움보다 설렘이 더 커졌다. 물론 두 손 놓고 아무것도 하지 않으면서 문장만 읽으면 소용없다. 하지만 뭔가 소망하는 것이 있을 때 이 한 문장은 나에게 힘이 되었다.

진짜 소원하는 것이 생겼다. 책을 쓴 작가가 되는 것. 그 소원을 향해 나갈 때 '긍정 확언'이라는 말을 처음 알았다. 사전적 의미의 확언이란 '일상 언어에서 확실하게 단정 지어 말하는 것'이다. 이루고 싶은 일이 잘될 것이라 희망하는 것이 아니라 확정지어서 자신에게 언급하는 것이었다. '잘 되리라'가 아니라 '잘 된다'였다.

'어떤 문장을 어떻게 선택해야 하지?'

나에게 좋은 것을 하고 싶었다. 꼭 이루고 싶었고, 이루기 위해서 내가 할 수 있는 일은 다 하고 싶었다. 나는 긍정 확언에 관해 찾아보았다. 그러다가 '긍정 확언 7문장의 힘'이라는 특강을 발견했다. 내게 필요한 것이 내 앞에 펼쳐지는 것이 신기했다. 나는 망설이지 않고 특강을 신청했다.

나는 사랑 그 자체이다.
나는 완벽하게 건강하다.
나는 건강한 관계를 끌어당긴다.
나는 진정으로 원하는 현실을 끌어당길 수 있다.
나는 돈을 풍족하게 흘러들어오게 한다.
나의 잠재력은 무한하다.
나는 모든 상황을 있는 그대로 받아들인다.

강의를 통해 알게 된 7개의 문장은 짧고 명쾌했다. 단순히 읽기만 해도 기분이 좋았다. 내가 쓴 문장을 바라보며 강사님의 말씀을 다시 떠올렸다.

"제가 제시하는 문장을 그대로 따라 쓰는 것도 좋습니다. 하지만 나에게 맞게 수정하시면 더욱 좋습니다. 각자가 소원하는 것이 모두 다르니까요. 최대한 구체적이고 명확하게 자신에게 확언하세요."

우선 나는 그대로 따라 적었다. 매일 아침, 가장 예쁜 노트에 제일 좋아하는 색깔의 펜으로 적었다. 그렇게 한 달쯤 지나니 뭔가 더 적어보고 싶었다. 그래서 주어진 문장을 쓰고 아래에 나의 문장을 적기 시작했다.

1) 나는 사랑 그 자체이다. 나는 사랑 그 자체인 엄마다.
2) 나는 완벽하게 건강하다. 나는 몸과 마음이 모두 건강하다.
3) 나는 건강한 관계를 끌어당긴다. 오늘 내가 만나는 사람들은 건강하다.
4) 나는 진정으로 원하는 현실을 끌어당길 수 있다. 나는 작가다. 2020년 첫 책과 만난다.
5) 나는 돈을 풍족하게 흘러들어오게 한다. 나는 그림책 강사다. 강의 의뢰가 이어진다.
6) 나의 잠재력은 무한하다. 나는 할 수 있다. 정답은 내 안에서 찾는다.
7) 나는 모든 상황을 있는 그대로 받아들인다. 평가하지 말고 그

대로 바라보자. 그리고 감사하자.

두근거렸다. 긍정 확언 문장을 쓰면서 이미 이뤄낸 것을 바라보는 느낌이 좋았다. 의심 없이 그냥 믿었다. 그리고 고민하고 두려워할 시간에 해야 할 일을 했다. 사랑 그 자체인 엄마는 아이들과 함께 하는 시간이 즐거웠다. 먹이고 입히고 재우는 시간은 조급하지 않았고 충분히 엄마로 살아냈다. 완벽하게 건강한 나는 나를 위해 좋은 것을 챙겨 먹었다. 식사도 거르지 않고, 아이들이 남긴 음식이 아니라 내가 좋아하는 음식을 기꺼이 나에게 주었다. 영양제도 꼬박꼬박 챙겨 먹었다.

건강한 관계를 끌어당기는 나는 누군가를 만나기 전 나의 마음을 살폈다. 이 만남이 설레는지 먼저 나에게 물었다. 기대되고 생각만 해도 미소가 지어진다면 기분 좋게 약속 장소에 나갔다. 그런 만남은 서로에게 건강한 소통이 되었다.

생각을 현실로 긍정 확언의 힘

2020년 12월 21일, 나는 작가가 되었다. 진정으로 원하는 현실을 끌어당기기 위해 새벽마다 일어나 글을 썼다. 알람이 울리면 고민하지 않고 벌떡 일어나서 노트북을 열고 글을 썼다. 그렇게 꼬박 6

개월을 보냈다. 두 차례의 투고를 거치는 동안 나는 '좋은 출판사를 만난다'라는 확언도 계속했다. 그리고 그해 12월 나의 첫 책은 세상에 태어났다.

한 손에 책을 들고 시작한 2021년, 나는 경력이 쌓인 그림책 강사이자 작가였다. 기관의 강의 의뢰가 달라졌다. 유아와 어린이만을 대상으로 하던 강의는 이제 성인 대상 강의로 이어졌다. "부모교육이 가능한 강사님을 아세요?"라는 담당 선생님의 질문에 "제가 할 수 있어요"라고 말했다. 말하면서도 내가 나에게 놀랐다. 하지만 나는 내 잠재력을 믿고 내가 할 수 있는 강의안을 작성했다. 책을 쓰면서 공부하고 준비한 내용이 있었기에 어렵지 않았다. 나는 이미 준비하고 있었다. 그 이후로도 다문화가정 부모님, 어르신들에게도 그림책을 전했다. 내가 좋아하는 그림책을 들고 강의하고 경험을 나눈 덕분에 돈이 풍족하게 흘러들어왔다. 쓰고 읽고 믿은 것이 이루어졌다.

하지만 매일의 삶은 내가 계획한 대로 척척 이루어지지 않았다. 급하게 의뢰를 받고 작성하던 수업계획안은 갑작스러운 기관장의 인사이동으로 무산되었다. 6월에 시작해서 10월에 마무리될 것이라고 계획한 대면 수업은 코로나19 상황이 심해지면서 6주나 휴강을 했다. 그 수업은 12월이 되어서야 마무리할 수 있었다. 코로나19 변이종이 나타나면서 두 아이의 등교는 매일 엇갈렸다. 학년이 다르니 당연했다.

나는 모든 상황을 있는 그대로 받아들였다. 매일 쓰면서 내가 나를 격려했다. '그럴 수 있다. 내 앞에 일어나는 사건은 그냥 일어난 것이다. 판단하지 말고 받아들이자.' 받아들이고 나면 어떻게 해야 할지 떠올랐다. 그러면서 내 마음을 다독였다. 긍정 확언 일곱 문장은 흔들리는 나를 있는 그대로 안아 주었다.

아침이 되면 아피야의 원피스는 감쪽같이 하얘졌어요.
날마다 새 그림을 그릴 수 있는 흰 종이처럼
깨끗한 원피스가 빨랫줄에 걸려 있어요.

그림책 「아피야의 하얀 원피스」(제임스 베리 글, 안나 쿠냐 그림, 김지은 옮김, 나는 별)의 문장이다. '아피야'는 스와힐리어 이름으로 '건강'이라는 뜻을 지니고 있다. 아피야에게는 하얀 원피스가 있다. 이 원피스는 하루하루 만나는 새로운 것이 그대로 그려지는 신기한 원피스다. 아피야가 해바라기 꽃밭을 지나가면 노란 꽃잎이 원피스에 한가득 담겼다. 온갖 나비들이 날아다니는 풀밭을 지나면 원피스에 나비가 날아들었다. 그 무늬는 매일 밤 빨래를 해도 없어지지 않았다. 하지만 아침이 되면 아피야의 원피스는 하얘졌다. 덕분에 원피스에는 날마다 새 그림을 그릴 수 있었다.

우리는 매일 새 하루를 선물 받는다. 어제의 일들은 내 몸과 마음에 곳곳이 남아 있겠지만 똑같은 일은 다시 반복되지 않는다. 오늘은 어제와 다른 새로운 날이기 때문이다. 이 새날의 일을 그리는 것은 오롯이 자신의 몫이다. 어디로 갈지, 어떻게 마음먹을지 결정하는 것은 바로 자신이다. 하얀 원피스를 물끄러미 바라보는 아피야의 모습처럼 긍정 확언을 써 보자. 천천히 쓰고 읽으면서 오늘의 하루를 기대하자. 어떤 일도 다 괜찮다. 나에게 알맞게 다 이루어질 일이다. 다 잘 된다.

"오늘은 정말 좋은 날이 된다."

걷기,
내 몸을 돌보는 시간

'후유, 이것도 해야 하고, 저것도 해야 하고. 벌써 오후인데 오늘 도대체 뭘 한 거지?'

거실의 시계를 보았을 때, 깜짝 놀랐다. 첫째의 책상 위에는 봐줘야 할 숙제가 있고, 둘째는 거실 한구석에서 가위질에 여념이 없었다. 한없이 자르고 또 자르고 있으니 당연히 수많은 종잇조각이 바닥으로 쏟아졌다. 내 책상 위에는 아침부터 펼쳐둔 책이 나의 손길을 기다리고 있었다. 하지만 다가설 틈은 없었다.

"엄마, 놀이터 가고 싶어요. 나가요. 지금, 당장 나가요."

119

지끈거리는 머리를 붙잡고 '무엇부터 해야 하나?' 두리번거리고 있을 때, 딸아이가 나를 불렀다. 당장 나가자고 성화다. '그래, 그래. 다 미뤄두고 우선 나가자.' 아이의 징징거림이 더 커지기 전에 외투를 입었다. 아이는 공동현관을 나서자마자 씽씽카를 타면서 앞서 나갔다. 같이 나가자며 소리를 질렀지만, 정작 나가서는 뒤도 돌아보지 않았다. 그저 자신의 놀이에 집중할 뿐이다. 나는 아이의 노는 모습을 멍하니 바라보았다. 아이가 씽씽카를 타고 내 앞을 지나갈 때마다 하이파이브를 하면서 웃었다. 나는 손을 뻗었다 내리기만을 반복했다.

그래도 아이 덕분에 바깥바람을 맞으니 시원했다. 지끈거리던 머리도 조금은 편안해졌다. 아직 구름이 완전히 걷히지는 않았지만 '번개는 치지 않으니 다행이다' 싶었다. 신나게 씽씽카를 타면서 땀을 흘리는 아이를 바라보다가 문득 나도 좀 움직이고 싶다는 생각을 했다.

'좀 걸어볼까?'

나의 걷기는 이렇게 우연히 시작되었다. 처음엔 아파트 단지만 천천히 걸었다. 놀이터에 있는 아이를 확인하면서 걸어야 했기에 멀리까지 이동할 수 없었기 때문이다. 걷다가 아이와 눈이 마주치면 신나게 손을 흔들었다. 딱 그만큼 아이와 떨어져 있을 수 있어 감사했다. 아이는 나를 확인하고 또 자신의 놀이에 빠졌다. 아이가 놀이터에서 노는 1시간여의 시간 동안 천천히 걷고 핸드폰의 앱을 보니 약 3000보였다. 숫자로 확인하니 괜히 뿌듯했다.

직접 걸어보기 전에는 몰랐다. 단순히 걷는 동작으로 운동이 될 것 같지도 않았다. 하지만 걷기는 아이를 키우는 엄마가 일상에서 할 수 있는 가장 간편하면서 실행하기 쉬운 운동이었다. 천천히 호흡하며 내 몸을 돌보는 시간이었다.

하루 5,000보 걷기에 도전하다

하루에 만 보를 걷는 지인이 있었다. 일과가 그렇게 바쁜데 그 와중에 만 보를 걸었다. 밴드에 인증하는 만 보의 숫자를 보면서 고개를 저었다. 내가 할 수 있는 일이 아니라고 단정 지었다. 도대체 얼마나 부지런해야 가능한 일인지 옆에서 감탄만 하고 있었다. 그런데 내가 조금씩 걸으며 나의 발걸음과 소통하고 있을 때, 그 지인이 '하루 5,000보 걷기' 네이버 밴드를 소개했다.

'하루 5,000보? 가능하겠는데? 한 번 해볼까?'

우선, 밴드 초대 글에 응했다. 그리고 그날 바로 시작했다. 시간이 있어서 걷는 것이 아니라 열 일 제쳐두고 '걷기'부터 했다. 오후의 햇볕으로 조금 따뜻한 겨울 길을 걸었다. 따스해진 시간이지만 모자에 장갑까지 살뜰히 챙겼다. 나를 위해 하나하나 챙기며 콧노래를 불렀다. 나는 나를 돌보고 있었다.

혼자 길을 나서면 평소에 듣지 못했던 소리를 들었다. 우리 동네 아파트 나무에는 여러 새가 오고 갔다. 각양각색의 새소리는 내 시선을 위로 향하게 했다. 하지만 새를 찾는 날보다 귀만 쫑긋해지는 날이 더 많았다. 어느새 날아가 버린 것이다. 그렇게 두리번거리며 새를 찾던 나의 시선은 이내 푸른 하늘에 닿았다. 느긋하게 하늘을 올려다본 때가 언제인지... 그렇게 잠시 서서 하늘만 바라보는 것도 좋았다.

우리 마을에는 걷기 좋은 길이 있다. '소래습지 생태공원'으로 향하는 길은 도로에서 벗어나 양쪽에 가로수까지 준비되어 있다. 걷는 사람들을 환영하며 그 자리에 있었다. 내가 걷기 전까지는 제대로 둘러보지 않았던 길이다. 길에는 다양한 분들이 있었다. 두 세분이 담소를 나누며 걸었고, 자전거 대열이 내 옆을 스쳐 가곤 했다. 긴 벤치에 앉아서 물을 드시며 숨을 고르는 분들도 만날 수 있었다. 그리고 그 사람들 뒤로 나무가 있었다. 그렇게 많은 나무가 있었는지 걷기 전에는 몰랐다.

"창작실에서 집까지 버스로 딱 열 정거장, 그 길을 걷다 보면 여러 나무를 만나요. 우리 동네엔 정말 나무가 많거든요."

　김선남 작가님의 그림책 「다 같은 나무인 줄 알았어」의 '작가의
글'이다. 작가님이 매일 마을 길을 걷다가 만난 나무들을 그림책으
로 보여주신다. 다 같은 나무인 줄 알았던 그 나무들을 꽃이 피었
을 때, 싹이 났을 때, 커다란 나무 그늘을 보고 다른 나무라는 것을
알았다고 하셨다. 나무들은 각각 다른 향기를 내뿜고, 다른 색의 나
뭇잎을 가지고 있었다.

　나는 우리 마을의 길을 걸으며 나무를 천천히 보았다. 쭉쭉 하늘
로 가지를 뻗은 나무도 있고, 옆 나무와 어깨동무하듯 나란히 나란
히 서 있는 나무도 있었다. 아직 그 이름을 다 알지 못하지만, 매일
걸으며 계속 바라보니 조금씩 친해지는 기분도 들었다. 내가 걷는
그 길에 심겨 나와 인사 나눌 수 있는 것이 고마웠다.

　길을 따라 걷다 보면 생태공원까지 갈 수 있다. 소래습지 생태공
원에는 다양한 새가 있었다. 공원 초입, 소염교 위에서 갯골만 바라
보고 있어도 온갖 새들을 볼 수 있었다. 한참 걸어서 열이 오른 나
의 발을 쉬면서 새를 보았다. 그저 바라보기만 하며 새멍을 즐겼다.
뒤뚱거리며 걷는 청둥오리, 물속으로 잠수했다가 솟아오르는 민물
가마우지 그리고 연신 물속에 부리를 넣고 저으며 먹이를 찾고 있
는 저어새까지... 현관문을 나서서 조금만 걸어가면 만날 수 있는
새가 있다는 건 정말 행운이었다.

하루 5,000보 걷기는 나의 몸을 돌보는 시간이었다. 천천히 호흡하면서 숨 고르기를 했다. 귀를 열어 새 소리를 들었고, 고개를 들어 하늘을 보았다. 나의 속도로 걸으며 내 발걸음에 집중했고, 늘 그 자리를 지키는 가로수도 만났다. 걸으며 알았다. 내게 오감이 있었다는 걸 말이다. 오감을 통해 내 몸과 대화하며 평안해지니, 마음도 더불어 고요해졌다. 걷기는 몸을 돌보고 마음을 챙기는 가장 쉬운 방법이었다.

오늘도 걷는다. 아이들과 손잡고 걷고, 나 혼자서도 걷는다. 이야기 나누며 걸어도 좋고, 혼자 걸으면 더 좋다. 지금 하는 일을 멈추고 우선 운동화를 신자. 간단히 아파트 단지만 걷는 것으로 시작해도 좋다. 나도 그랬다. 그저 잠시 나가서 내 주변의 자연과 인사를 나누자. 나도 그 자연 안에서 호흡하고 있는 생명이라는 것을 느껴보자. 한결 숨쉬기가 편해지는 것을 느낄 것이다. 그러고 나면 나의 숨을 다시 쉴 수 있다. 나의 몸과 마음을 돌보는 걷기, 오늘부터 시작할 수 있는 가장 좋은 운동이다.

"나의 악상은 예상치 않은 때에 온다. 자연에서, 산책하면서, 이른 새벽에 오는 것을 나는 음표로 바꾼다." _베토벤

4장

작가,
새로운 세상과
만나다

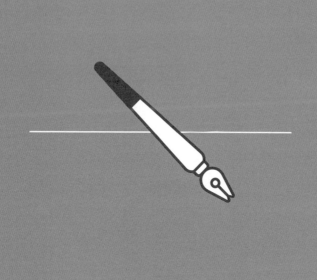

하루 한 권,
함께 성장하는
그림책 읽기

"그림책 놀이를 하려면 무엇부터 해야 하죠?"

"그림책을 먼저 읽어야죠."

"그림책을 읽는 습관을 먼저 만들어야겠네요."

"아하, 그렇네요. 맞아요. 읽기 습관이 먼저네요."

작가가 된 후, 도서관의 내 그림책 수업이 달라졌다. 2019년까지만 해도 일주일에 단 1회, 약속된 시간에 만나서 그림책을 읽어주고, 놀이 활동을 진행하던 수업이었다. 2020년 12월, 작가가 된 나는 아이들이 '수업 시간 외에도 매일 매일 그림책을 읽었으면 좋겠다'는 생각을 실천하기로 했다. 그래서 도서관 사서 선생님과 이야기를 나누고 '하루 한 권 그림책 읽기' 프로젝트를 시작했다.

"출발하기 위해 위대해질 필요는 없지만, 위대해지려면 출발부
터 해야 한다."

미국의 동기부여 전문가 레이스 브라운은 이렇게 말했다. 일단
쉽게 시작할 수 있도록 목표를 작게 설정하는 것이 좋다는 말이다.
하루에 딱 한 권이었다. 만만하다고 생각해야 시작할 수 있고, 시
작하면 함께 응원하면서 지속할 수 있다고 여겼다. 그래서 하루에
딱 한 권 읽기로 정했다.

"작가님, 정말 한 권만 읽어도 성공인가요?"
"아이와 하루에 한 권 읽기는 할 수 있겠어요."
"언제부터 시작인가요? 당장 하고 싶어요."

수업 시간과 준비물 공지를 위한 마련한 단체 대화방은 프로젝
트를 소개한 후 여러 가지 질문들로 활기를 띠었다. 그림책에 관심
을 가지고 있던 부모님과 아이들이라 더 그랬는지도 모른다. 하지
만 그중에는 걱정 어린 마음을 비치는 부모님도 있었다. "책 놀이
하자는 말로 한참 달래서 수업에 신청했는데, 매일 참여할 수 있을
까요?" 질문과 상담은 1 대 1 대화방으로 이어졌다. 나는 함께하면
할 수 있다고 응원해드렸다. 겁내지 말고 우선 시작해보자고 격려
했다. 「하루 한 권 그림책 읽기」 프로젝트는 이렇게 진행되었다.

1) 우리 가족의 다짐 글을 작성한다.

"나와 우리 아이 ○○○은 아침에 일어나면 바로 거실에서 그림책 한 권을 읽는다." 아이와 함께 이야기를 나누면서 그림책을 읽는 시간과 장소를 정확하게 정하자고 말했다. 6, 7세 유아들은 충분히 부모님과 이야기를 나눌 수 있고, 프로젝트에 적극적인 참여자로 초대할 수 있었다.

"나와 우리 아이는 유치원에서 하원 한 후 손을 씻고, 식탁에서 함께 그림책을 읽는다."
"나와 우리 아이는 저녁 식사 후 거실 소파에서 그림책 한 권을 읽는다."
"나와 우리 아이는 샤워를 한 후 잠자리 독서로 그림책 한 권을 읽는다."

각자의 가정에 알맞게 프로젝트에 참여하는 시간과 장소를 명확하게 정했다. 모두 달랐지만 시작하고 실천하고자 하는 열정적인 마음은 같았다. 그림책 읽기, 프로젝트의 시작일이 기대되었다.

2) 부모와 아이가 함께 그림책을 읽고, 표지 사진을 찍는다.

하루 한 권 그림책 읽기가 시작되었다. 물론 나도 아이와 함께 참여했다. 그림책을 읽으며 아이와 이야기를 나눴다. 그림책 속 주인공을 따라 하고 싶은 장면이 있으면 읽기를 멈추고 깔깔거리며 따라쟁이가 되었다. 부모와 아이가 함께하는 그 시간이 중요했다. 그림책 읽기 시간이 읽기만이 아니라 아이와 즐겁게 소통하는 시간이 되기를 소원했다.

표지 사진을 촬영하고, 그림책 속 한 장면은 아이와 함께 선택했다. 그 장면이 마음에 드는 이유도 들었다. "아하, 그랬구나! 멋진 생각이다"라는 칭찬도 잊지 않았다. 어떤 장면이든 상관없다. 정답이 있는 질문이 아니기 때문이다. 자신이 선택하고 자신의 생각을 이야기하면서 아이들은 부모님과 진짜 소통을 하게 된다.

3) 단체 대화방에 사진을 올리고, 서로 응원한다.

아이와 함께 선택한 사진을 단체 대화방에 인증했다. 참여자의 이름과 읽은 날 그리고 책 제목까지 작성했다. 예를 들어, '조현주(1일차)_진짜 내 소원'이라고 적었다. 마음에 드는 장면에서 선택한 한 문장도 기록할 수 있다. "네 소원은 뭐야?"라고 간단히 적으면 끝.

내가 먼저 작성한 예시를 본 분들이 그림책 사진을 올리기 시작했다. 아이가 그림책을 들고 있는 장면이 보였고, 아이의 손과 그림책이 함께 출연했다. 그림책 속 주인공이 된 아이는 활짝 웃으며 소파 위에서 점프를 하기도 했다. 서로의 사진을 보면서 함께 웃었다. 각자가 선택한 그림책을 보면서 내용을 궁금해했다. 그저 한 장의 사진을 공유하는 것이지만 서로에게 큰 응원이 되었다. 계속 이어갈 수 있는 힘이 되었다.

4) 프로젝트 성공 시에는 선물을 받는다.

하루 한 권 그림책 읽기 프로젝트는 월요일부터 금요일, 평일만 진행했다. 한 달에 평일 기준 20일 중 15일 이상 참여하면 성공이었다. 주말은 자유롭게 참여했다. 쉬어가는 것도 괜찮고, 이어가는 것도 자유로웠다. 각자의 가정에 알맞게 진행할 수 있도록 숨 쉬는 시간을 마련했다. 무엇이든 너무 열심히 달리면 금세 지치기 때문이다. 함께 하는 프로젝트는 중단이 아니라 꾸준히 이어가는 것이 더 중요했다.

인증 횟수를 채우면 기프티콘을 선물했다. 편의점에서 사용할 수 있는 달콤한 과자 선물을 보냈다. 아이들의 환호 소리가 단체 대화방으로 이어졌다. 아이들은 부모님과 함께 그림책 읽기에 참여하고 성공을 경험하고 선물까지 받으니 어깨가 으쓱했다.

감사하게도 도서관 사서 선생님께서는 모든 참여자에게 기증도서를 한 권씩 선물해주셨다. 여러 어른의 응원과 지지는 아이들을 평생 독서가로 함께 키우고 있었다.

주 1회로 진행되는 10주간의 그림책 놀이 수업에 위와 같은 방법으로 두 번의 프로젝트가 진행되었다. 아이들은 선생님과 만나는 시간 외에도 부모님과 함께 그림책을 읽었고, 덕분에 도서관도

자주 방문했다.

"하루 한 권 그림책 읽기 덕분에 아이와 더 많이 웃었어요."

"다른 아이가 올린 그림책을 보면서 읽고 싶다는 이야기를 자주 했어요."

"일주일에 도서관을 몇 번이나 갔는지 몰라요. 선생님 덕분에 소원 성취했어요."

수업을 마치는 날, 단체 대화방에는 수업 후기와 함께 그림책 읽기 프로젝트의 참여 후기로 뜨거웠다. 아이와 도서관에 자주 가고 싶었는데 소원을 이뤘다는 한 어머니의 말씀은 인상적이었다. 소망하던 작은 소원이 멋지게 이루어진 힘은 상상보다 컸다. 그림책이 수업을 위한 도구가 아니라 아이들의 일상생활에 녹아든 모습이 좋았다. 숨 쉬고 밥을 먹듯 그림책을 펼치는 모습이 그려졌다. 내게는 부모님과 아이들이 자연스럽게 이야기를 나누며 행복하게 소통하는 모습이 그 자체로 선물이었다.

그림책 선생님이었던 내가 책을 쓰고 작가가 되었다. '하루 한 권 그림책 읽기'는 내가 작가 선생님이 되어 처음 진행한 프로젝트였다. 머릿속에만 있던 좋은 습관 만들기를 기획하고 함께 실천한 경험은 나에게도 큰 성장이었다. 새로운 세상과의 만남이었다. 하루

한 권, 함께 성장하는 그림책 읽기는 오늘도 진행 중이다.

"강력한 이유는 강력한 행동을 낳는다." _ **윌리엄 셰익스피어**

그림책 속에
이렇게 멋진 문장이
있다니!

"나는 늦은 걸까? 아니 아직 늦지 않았을 거야. 바람이 시원하네. 나는 뒤처지더라도 힘든 친구들을 도와주며 같이 가는 게 좋아." 「나는 너는」 김경신 지음

"나는 마음입니다. 때론 나를 새카맣게 태우기도 하는데요. 그럴 땐 미련 없이 버리세요. 다시 시작하면 되니까요." 「마음먹기」 자현 지음

"달이 켜진 밤에만 생활하는 달그락 마음 친구들에게 한낮의 바닷가는 처음이랍니다. 무무의 실수 덕분에 드디어 바닷가 소풍을 오게 되었네요!" 「달그락 마을의 바람개비 문」 강수인 지음

다시 읽어도 좋다. 그림책을 읽을 때마다 나를 붙잡는 문장이 있다. 그리고 나의 시선이 머무는 장면이 꼭 있었다. 그날 내 마음에 들어온 하나의 문장으로 마음은 포근했다. 따스해진 마음으로 하루를 살아갈 수 있었다. 그래서 나는 매일 매일 그렇게 열심히 그림책을 펼쳤나 보다. 이렇게 좋은 것을 나만 알고 있으면 안 될 것 같았다. 그리고 함께하고 싶다는 생각을 했다. 그래서 나는 '마음챙김 그림책 필사' 모임을 시작했다.

'나와 함께하려고 하시는 분들이 있을까?'
'어렵다고 생각하시면 어떻게 하지?'
'쉽게 시작하는 방법은 뭘까?'

두려움이 앞섰다. 하지만 하고 싶었다. 그래서 무작정 모임의 시작 글을 블로그에 올렸다. 내가 필사한 노트를 사진 찍고, 그림책 필사를 하며 내가 좋았던 것을 작성했다. 그림책 필사를 하면 이런 점이 좋았다.

첫째, 그림책을 자세히 읽게 된다. 책장을 넘기며 짧은 글을 읽기만 하는 것이 아니라 글과 그림을 천천히 보게 되었다. 작은 그림과 말 줄임표 하나까지 느긋하게 그림책을 감상할 수 있다.

둘째, 그림책의 문장을 적으며 작가가 된다. 그림책의 문장은 함축적이다. 그림과 조화롭게 이어지는 문장들이 간결하면서도 짜릿

135

하다. 그런 문장 중 내가 선택한 것을 따라 적으며 나도 그림책 작가가 된다.

셋째, 나의 감상을 기록할 수 있다. 작가의 글을 필사하고 나서 나의 생각을 짧게 적었다. 느낀 점을 간단히 적기도 하고, 빈 여백에 그림을 그리기도 했다. 그저 내 마음을 표현하는 공간이 있어서 좋았다. 자유로움을 만끽했다.

첫 그림책 필사 모임에는 다섯 분이 함께 해주셨다. 단 한 명만 신청하셔도 시작하려고 했던 조마조마한 마음에 등불이 켜졌다. 두근거리는 마음을 안고 다섯 분과 함께 그림책 필사를 시작했다. 한 달이라는 시간 동안 나와 함께 해주시는 분들에게 그림책과 진짜 소통을 하는 경험을 드리고 싶었다. 그래서 가장 간단하고 쉬운 방법을 선택했다.

하루 15분, 마음챙김 그림책 필사

1) 내가 좋아하는 그림책을 한 권 선택한다.

내가 좋아하는 그림책으로 시작하면 좋다. 좋아하는 그림책은 펼치기만 해도 기분이 좋기 때문이다. 필사를 위해 다시 펼치면 쓰고 싶은 문장을 찾기 위해 더 천천히 읽게 된다. 그림책의 글과 그림이 건네는 이야기에 더 귀를 기울이게 된다.

2) 내가 선택한 그림책의 한 문장을 필사한다.

딱 한 문장이면 된다. 딱 한 문장으로 시작하면 쉽게 성공할 수 있다. 그 문장은 나를 응원하는 오늘의 문장이다. 오늘을 살아내게 하는 힘이 된다. 필사한 문장과 함께 떠오른 '나의 생각쓰기'는 선택이다. 하고 싶은 날, 하고 싶은 만큼만 하면 된다. 선택할 수 있으니 자유롭다.

3) 그림책과 필사 노트를 촬영한다.

그리고 단체 대화방에 사진을 올린다. 이름과 참여한 날 그리고 그림책 제목을 함께 적는다(예 : 조현주(1일차)_나는 너는). 대화방에 사진으로 인증을 하면 서로가 읽은 그림책을 구경할 수 있다. 나는 딱 한 권을 읽었지만 동시에 다섯 권의 그림책을 알게 된다. 게다가 서로를 응원하고 칭찬하며 공감을 나눌 수 있어 더욱 좋다.

위 3단계를 거치면 오늘의 그림책 필사는 성공이다. 15분이면 가능하다. 짧은 시간이지만 내가 좋아하는 것을 하면서 즐거웠다. 그리고 혼자가 아니라 함께 하니 나눌 수 있어 행복했다. 하지만 그림책 필사는 평일에만 참여했다. 월요일부터 금요일까지만 했다. 주말은 쉼의 시간으로 정했다. 일주일 동안 매일 참여했다면 다섯 번의 기록이 남는다. 주말 동안은 그림책을 그리워하는 시간으로 남겨두었다. 쉬어가면 더 오래 갈 수 있다는 것을 알려드리고 싶었다.

"필사를 하려고 하니까 그림책을 천천히 읽게 되었어요. 안 보이던 그림까지 발견해서 더 좋았어요."

"내가 선택한 문장을 따라 쓰니 그냥 기분이 좋아요. 더 쓰고 싶은 마음이 들어요."

"15분이면 내가 행복해질 수 있는 방법을 알았어요. 함께할 수 있어서 감사했어요."

첫 번째 그림책 필사 모임을 마치고 마지막 인증을 하며 편안하게 나눠주신 후기를 읽었다. 짧은 시간이지만 나를 위한 시간을 마련하고 경험하신 분들은 웃고 계셨다. 자신이 남긴 기록을 보시며 뿌듯해하셨다. 두려움이 컸지만, 용기를 내어 시작한 것이 참 잘한 일이었다. 후기를 읽으며 나도 나를 칭찬했다.

자신을 위해 용감하게 시작하세요

"전에도 해냈잖아. 이번에도 할 수 있어. 내 심장은 단단해. 나는 용감해."

그림책 필사 11기의 마지막 날, 「난 이렇게 강해요」(리시아 모렐리 글, 메일 디아즈 그림, 썬더키즈) 그림책에서 내가 선택한 문장이다. 이 책은 주먹을 불끈 쥐고 바람에 흩날리는 붉은색 팔찌의 표지그림이 인상적인 그림책이다. 숲을 향해 달려나가는 여자아이의 눈빛이 결연하다. 여자아이는 숲을 달리면서 자연을 오롯이 느낀다. 하지만 발을 헛디디고 넘어져 무릎에 피가 난다. 아이는 다시 일어서서 천천히 달리기 시작하는데 이젠 옆구리가 결려온다. 그렇게 멈춰선 아이는 숨을 고르고 자신에게 속삭인다. "나는 용감해."

우리는 각자의 속도로 매일 달리기를 하고 있다. 열심히 달려가려고 주먹을 불끈 쥐는 날도 있고, 자연을 느끼기 위해 속도를 늦추는 날도 있다. 넘어져서 고통 속에 주저앉아 있을 때도 분명히 있다. 하지만 그 누구도 나의 달리기를 대신해줄 수는 없다. 다시 일어서서 뛰기 시작하는 것도, 그대로 앉아 조금 쉬어가는 것도 모두 자신의 선택이다. 오늘 나를 위해 어떤 선택을 하면 좋을까?

그림책 속에는 이렇게 멋진 문장이 있었다. 단 하나의 문장으로 내가 응원받아서 힘이 났다. 내가 발견한 문장으로 세상을 향해 나눌 수 있어 기뻤다. 모두가 각자의 자리에서 자신에게 알맞은 것을 선택할 수 있기를 소원한다. 자신을 위해 용기 있게 시작해보면 어떨까?

"넌 참 용감한 아이야. 새로운 일에 얼마든지 도전할 수 있어! 숨을 깊게 들이마시고 풍덩 뛰어들어 봐. 걱정하지 마. 도전할 때마다 점점 더 쉬워질 테니까!" 「시작해봐! 너답게」_ 피터 H.레이놀즈

작가님,
우리 친구해요

"작가님, 책 잘 받았어요. 저자 사인이 있는 책은 처음이에요."

"이렇게 빨리 받을 수 있다니! 감사해요."

"열심히 읽고, 정성껏 후기 작성할게요. 너무 기뻐요."

작가가 되면 드릴 수 있는 선물이 있다. 바로 내가 쓴 책이다. 내 책을 손에 받아 든 날, 나는 너무 기뻐서 앉지도 서지도 못한 채 거실을 서성거렸다. 책 한 권을 품에 안았다가 바라보았다가 다시 껴안기를 반복했다. 실감이 나지 않아서 책표지를 손으로 쓸고 또 쓸었다. 실제로 내 책이 내 손에 있었다. 그 책으로 나는 작가가 되었다.

열과 성의를 다해 작성한 책을 많은 분에게 보여드리고 싶었다.

하지만 2020년 12월은 코로나19 바이러스와 함께 일상을 살아가는 시기였다. 독자와 대면으로 만나는 것은 불가능했다. 출판사 대표님도 '작가와의 만남'을 진행하지 못하는 것을 안타까워하면서 서평단 운영으로 홍보방법을 변경하셨다.

'나는 무엇을 할 수 있을까?'

나도 '나의 책을 선물로 드려야겠다'라고 생각했다. 세상에 태어난 나의 첫 아이를 꼭 알맞은 자리에 데려다주고 싶었다. 꼭 필요한 독자의 손에 들리기를 소원했다. 그래서 블로그에 글을 썼다. 저자 사인본을 드린다는 모집 글이었다. 글을 쓰면서도 두근거렸다. 어떤 분들이 관심을 가지고 글을 읽어주실지 알 수 없었다. '아무도 신청하지 않으시면 어쩌나...'하는 불안은 늘 있었다. 새로운 일을 한다는 것은 설렘과 두려움이 교차한다는 것을 또 배웠다.

망설임은 괜한 걱정이었다. 모집 글을 올리자마자 댓글이 작성되었다. 친구로 이어져 있던 분들이 아낌없는 축하 인사와 함께 신청 글을 작성하셨다. 출판 전 책 소개 글을 보시면서부터 관심을 가지고 계신 분이 계셨다. 출판되었다는 소식을 듣고 벌써 책을 구입하셨다면서 응원을 보내주시는 분도 계셨다. 그리고 아이를 키우면서 그림책 놀이법이 너무 궁금해서 신청하신다는 분도 있으셨다. 댓글을 하나하나 읽으며 내가 가장 많이 감동받았다. 이렇게 관심을 가지고 응원해주시는 분들이 내 곁에 있었다는 것을 깨달았기 때문이다. 그런 소중한 분들에게 책을 선물로 드릴 수 있어서 기뻤다. 나는 열 분의 독자님께 저자 사인 책을 보내드렸다.

"여는 글을 읽으면서부터 울었어요. 저도 첫 아이에게 그랬거든요."

"그저 책을 따라 하는 것만으로도 책 놀이가 되네요. 제가 책 놀이를 너무 어렵게 생각했나 봐요."

"다양한 그림책을 소개해주셔서 감사해요. 어서 도서관에 대여하러 가야겠어요."

도서를 읽으시고, 다양한 소감을 나눠주셨다. 책을 읽으며 눈물을 흘리셨다는 분은 안아드리고 싶었다. 후회와 아이에 대한 미안함이 가득한 눈물을 나도 흘렸기 때문이다. 간단한 방법으로 시작하는 책 놀이법을 알게 되신 분에게는 응원을 가득 드리고 싶었다. 또, 엄마와 아이가 편안하게 놀 수 있는 다른 방법도 더 많이 알려드리고 싶었다. 그림책을 대여하러 가신다는 분에게는 책에 담지 못한 신간 그림책 목록까지 안겨드리고 싶다는 생각이 들었다. 독자님들의 후기로 내가 세상을 향해 할 수 있는 일이 있다는 것을 알았다. 가슴이 두근거렸다. 책을 쓰고 내 책을 선물로 드리는 것이 시작이었다. 나에게는 책으로 연결된 소중한 인연들이 생겼다.

142

"작가님, 자연친화지능 책 놀이법에서 '거미줄 만들기'를 하고 싶은데 글로만 읽어서는 잘 이해가 안 돼요. 도와주세요."

인스타그램 DM으로 연락이 왔다. 책을 읽으시고, 그림책 놀이를 시도하려는데 상상이 되지 않아서 너무 어렵다는 말씀이셨다. 책에 사진이 없어 아쉽다는 말씀에 미안함이 올라왔다. 나는 얼른 노트북에서 수업 사진을 검색하기 시작했다. 그리고 아이들과 거미줄 놀이를 하면서 찍어 두었던 사진 자료를 전송했다.

"연락 주셔서 감사해요. 글로 읽고 따라 하기가 너무 어려우셨죠? 완성된 작품 사진 보내드려요. 확인해보시고요, 의문 사항은 또 질문해 주세요. 독자님!"
"아, 이렇게 완성되는 것이군요. 감사합니다. 작가님. 사진까지 보내주시니 이해하기가 훨씬 쉬워요. 오늘은 아이들과 함께 놀아볼게요."
"예, 즐거운 책 놀이시간 가지셔요. 응원 가득 드립니다."

답답했던 마음이 뚫렸다는 독자님의 말씀에 뿌듯했다. 알려드릴 수 있는 것이 있어서 감사했다. 내 책을 읽고, 책 놀이를 따라 해보고, 의문 사항을 질문까지 하시는 독자가 있다는 생각에 책임감이 느껴졌다.

그림책 놀이법을 세상에 나누다

나는 인스타그램에 나의 계정을 만들었다. 그리고 그림책과 책 놀이 이야기를 쓰기 시작했다. 나의 시선으로 바라본 것들을 이야기할 수 있는 시간이 좋았다. 인스타그램에 피드를 올릴 때는 다음과 같은 순서로 이야기를 떠올렸다.

첫째, 내가 재미있게 읽었던 그림책을 선택한다.

우선 내가 읽으면서 좋았던 그림책을 다시 펼친다. 그리고 꼭 보여드리고 싶은 장면을 선택해 사진을 찍는다. 나의 시선을 사로잡는 문장도 잊지 않고 촬영한다.

둘째, 아이와 함께 책 놀이를 한다.

책과 관련된 책 놀이를 준비하고 우리 아이와 함께 먼저 논다. 아이가 기뻐하는 장면을 사진으로 남기면서 내가 먼저 행복하다. 그 사진으로 기분 좋은 책 놀이 방법을 전해드릴 수 있으니 일석이조다.

셋째, 사진과 함께 나의 소감을 나눈다.

인스타그램은 직관적인 사진이 주인공인 SNS다. 하지만 사진만으로는 부족한 부분이 있다. 그림책을 읽으며 특히 좋았던 장면의 이유, 아이가 좋아했던 책 놀이를 하면서 주의해야 할 사항 그리고 그림책이 아이의 교과과정과 연계되는 내용이 있다면 그 정보도 기록해 둔다. 해시태그 작성과 장소공유로 정보의 검색을 돕는다.

"이런 그림책도 있네요. 좋은 그림책을 소개해주셔서 감사해요.
작가님."

"간단하게 준비해서 신나게 놀 수 있는 방법이 여기 있었네요. 저
도 해봐야겠어요."

"내년에 2학년이 되는데 미리 읽어주면 도움이 되겠어요. 알려
주셔서 감사합니다."

나의 인스타그램 피드에는 댓글이 하나둘 작성되었다. 일상 속에
서 소통할 수 있어서 즐거웠다. 자주 만나게 되는 분들과는 팔로워
이상의 마음도 생겼다. 무럭무럭 자라고 있는 아이의 모습이 반가
웠고, 내가 소개한 그림책을 읽으며 즐거워하는 아이의 미소를 보
며 행복했다. 간단하지만 진심 어린 응원의 댓글을 나누며 우리는
친구가 되었다. 앞으로도 나는 나의 친구들에게 나의 경험을 나누
려고 한다. 내가 읽은 것, 본 것 그리고 느낀 것을 나누며 작가로서
책임을 다하고 서로에게 의미 있는 시간을 만들고 싶다.

"우리 이제 모두 친구지?" 「친구의 전설」 이지은

내 책이
미얀마까지 가다니!

"조현주 작가님, 안녕하세요. 선생님 블로그를 통해 선생님을 알게 되고, 그림책 놀이를 알게 되어 너무 감사해요. 코로나와 쿠데타로 사실 아이들보다 제 마음이 너무 힘들었는데 그림책 읽기 활동을 하면서 일상을 지켰던 것 같아요."

택배 상자 안에는 정성껏 작성한 엽서와 함께 미얀마의 국민차 밀크티가 있었다. 나는 독자님이 쓰신 엽서의 내용을 읽으면서 얼마나 두근거렸는지 모른다. 나는 그저 나의 이야기를 책으로 쓴 것뿐인데 그 첫 번째 책은 배에 실려 바다를 건넜고, 미얀마의 독자와 나를 연결해 주었다.

코로나로 일상이 무너지고 있던 시기에 미얀마에는 쿠데타까지 일어났다. 생명의 위협을 느끼는 일이 하나도 아니고 두 가지나 발생하는 그 지역에서 두 아이와 함께 엄마로 살아가는 일은 얼마나 어려울까? '나라면 어떻게 했을까? 나도 같은 상황이라면 나는 독자님처럼 할 수 있었을까?' 상상하면 할수록 엄마의 힘은 대단하다는 생각이 들었다. 그 깊은 엄마의 힘에 내 책이 사랑을 더 해줄 수 있어 감사할 따름이었다.

긴 시간을 기다려 미얀마에서 내 책을 받은 독자님은 그 책을 펼치기도 전에 다시 짐을 꾸려야 했다. 쿠데타의 양상이 점점 더 심해지면서 아이들과 함께 한국으로 잠시 귀국을 해야 했기 때문이다. 내 책은 한국을 떠나 배를 타고 미얀마에 갔고, 다시 비행기까지 타게 되었다.

'내 책이 누군가의 손에 들려 위로와 응원을 드릴 수 있다니! 내가 책을 쓴 이유가 이것이구나!'

책을 쓰고 나서야 알았다. 책으로 더 많은 분에게 다정하게 이야기할 수 있다는 것을. 그림책과 책 놀이라는 도구를 가지고 아이와 편안하게 일상을 살아가는 방법을 알려드리고 싶었다. 아이와 함께 그림책을 읽으며 엄마도 아이도 행복한 하루하루를 살아갔으면 좋겠다는 마음을 책에 담았다. 나의 마음을 담은 책이 꼭 필요한 곳에 전달되기를 소원했다. 이제 막 태어난 아이를 키우며 답답하고 불안해하고 있을 엄마에게, 한글을 가르쳐야 한다는 급한 마음을 가진 엄마에게, 초등학교 입학을 앞두고 아이보다 더 긴장하고 있는 엄마에게 따스하게 전해지기를 바랬다.

"세상을 살면서 남이 내 은혜에 감동하게 하는 것이 바로 원망을 사라지게 하는 길이며 일을 당하여 남을 위해 해악을 제거해 주는 것이 바로 이익을 거두는 기회이다."

「한용운의 채근담 강의」에 나오는 문장이다. 남에게 은혜를 베푸는 것은 곧 간접적으로 자기를 이롭게 한다는 의미다. 또 내가 남의 해를 제거해 주면 그 상대가 나의 해를 사라지게 한다는 뜻이기도 하다. 내가 하고 있는 일이 지금의 나처럼 아이를 키우며 살아가고 있는 누군가에게 도움이 되는 일이면 좋겠다. 아이와 편안하게 하루하루를 살아가는 엄마들이 더 많아져서 아이의 엄마로 그리고 있는 그대로인 자신으로 세상을 향해 자신의 몫을 다할 수 있기를 소원한다. 각자 오롯한 자신으로 꿈을 꿨으면 좋겠다.

평범한 엄마의 책 쓰기 방법

글을 쓰는 작가로 살겠다고 결심하고 매일 노트북을 펼치지만 글쓰기는 즐거울 때보다 머리를 긁적거릴 때가 더 많다. 하지만 이렇게 쓴 책이 세상에 태어나면 누군가는 이 책으로 위로받을 수 있을 것이라는 믿음으로 나는 또 책을 쓴다. 두 아이를 키우는 평범한 엄마가 책을 쓰는 방법은 다음과 같다.

첫째, 책을 쓸 시간과 공간을 정한다.

나는 새벽에 아들의 책상에서 책을 쓰기 시작했다. 첫 책을 쓰기 시작할 때는 노트북도 내 것이 아니었다. 하지만 꼭 하고 싶은 일을 더 이상 미루고 싶지 않았다. 그래서 시간을 먼저 찾았다. 가족들보다 조금 일찍 일어나 나만의 시간을 갖기로 했다. 새벽 5시, 작은 방 아들의 책상은 나의 서재가 되었다.

둘째, 책 쓰기 루틴을 만든다.

바로 책 쓰기를 시작하려면 쉽지 않다. 나의 몸과 마음을 깨우는 시간이 필요했다. 그래서 책 쓰기 전 습관을 만들었다. 눈을 뜨면 천천히 몸을 일으켜 편안한 자세로 앉아 호흡을 했다. 두 손을 모아 합장을 했다가 팔을 위로 뻗으면서 원을 그리며 어깨와 허리도 깨웠다. 몸을 깨워 책상 앞에 앉으면 아침 감사 일기를 썼다. 그리고 7가지 긍정 확언을 작성한다. 조용히 읽으면서 나를 응원했다. 책 쓰기를 할 때는 '나는 작가다', '책 쓰기는 재밌다'는 꼭 적었다. 재밌는 책 쓰기 시간을 기대하면서 말이다. 책 쓰기 전 마지막 루

틴은 고전 필사였다. 정해진 시간만큼 고전을 읽고 내 마음을 흔든 문장을 적었다. 그리고 나의 생각을 떠오르는 대로 끄적였다. 매일 새벽, 다양한 글을 쓰면서 초고를 쓸 준비를 했다.

셋째, 정해진 분량만 쓰기.

나는 욕심내지 않고 하루에 딱 한 페이지만 쓰자고 마음먹었다. 주제에 알맞은 그림책, 아이와 함께 그림책을 읽으면서 나누었던 대화 그리고 책 놀이까지 천천히 떠올리며 글을 썼다. 즐거운 그림책 놀이를 상상하며 글을 쓰니 내가 가장 먼저 행복했다. 물론 후회와 미안함으로 혼자 눈물짓는 날도 있었다. 그렇게 한 쪽의 글을 쓰면서 나는 나를 치유하고 자신감을 회복했다.

넷째, 떠오르는 대로 쏟아내듯이 쓰기.

글을 쓰다 보면 '이 이야기를 해도 되나?'라는 생각이 들 때도 있었다. 부끄러운 나의 실수, 남편에 대한 서운함, 아이들과의 갈등 상황 등등이 그랬다. 하지만 나의 마음에 새겨졌던 그 경험들은 쓰기 시작하면 줄줄이 쏟아져나왔다. 우선 멈추지 않고 그대로 작성했다. 글은 고칠 수 있기 때문이다. 퇴고의 과정이 있으니 미리 걱정하지 말고 '아무 말 대잔치'를 하자. 그래도 괜찮다.

다섯째, 오늘의 글쓰기를 마치면 스스로 칭찬하기.

나와 약속한 한쪽의 글쓰기를 마쳤다. 써 내려간 흔적을 훑어보며 뿌듯하게 미소짓는다. 내가 좋아하는 일로 하루를 시작했고, 자신과의 약속도 지켰다. 그것만으로 충분하다. 그러니 과감하게 노트북을 덮는다.

매일 뿌듯하게 나를 칭찬하지 못할 수도 있다. 일어나지 못하는 날이 생긴다. 책 쓰기 루틴을 다 마쳤지만, 아이가 갑자기 일찍 일어나서 나의 시간이 멈출 수도 있다. 노트북 화면의 깜박거리는 커서만 바라보다가 한 문장도 못 쓰는 날도 있다. 그럴 수 있다. 그러니 자책할 필요는 없다. 새로운 도전에 시도하고 있는 자신에게 응원과 위로를 아끼지 말자. 비난을 멈추고 내가 나의 가장 친한 친구가 되자. 포기하지 말고 계속하면 된다.

엄마 자신을 위한 선택을 하자

"선택하라. 삶에 있어서 대부분은 선택에 달려 있다. 선택할 줄 안다는 것은 훌륭한 취향과 올바른 판단력이 있다는 것이다. 학식도 이성도 선택 없이는 완벽하지 않다."

발타자르 그라시안의 「세상을 보는 지혜」 속 한 문장이다. 우리는 하루에도 몇 번씩 선택을 위한 길에 서 있다. 내 아이에게 먹일 식단, 남편을 위한 계절 옷, 부모님을 위한 건강 식품까지... 그 수 많은 선택 중에 나를 위한 선택은 있었는지 묻고 싶다. 엄마는 한 가정의 일원이다. 가정을 위해 무조건 희생하는 사람이 아니다. 엄마도 꿈꾸고 성장할 수 있는 이 세상에 단 하나뿐인 존재다. 내가 나를 위한 선택을 하자. 그 누구도 대신해주지 않는다.

나의 첫 책은 미얀마까지 갔다. 두 번째 책을 쓰고 있는 지금, 이 책은 또 어떤 이와 나를 연결해 줄지 궁금하다. 책 쓰기를 선택하고 결심한 순간부터 작가로 산다. 내게 주어지는 모든 경험이 책의 사례가 되고, 나는 그것을 종이에 받아 적는다. 엄마는 엄마의 방법으로 작가의 꿈을 꾸면 된다. 자신을 위한 선택을 시작하는 당신을 응원한다.

작가,
경험을 나누는
메신저가 되다

"안녕하세요? 선생님, 지금 통화할 수 있으실까요?"

2021년 1월의 어느 날, 문자가 왔다. 물론 이름은 알고 있던 선생님이었지만, 자주 연락하고 지낸 사이가 아니었던지라 고개를 갸우뚱거리며 전화를 기다렸다.

"선생님과 책 놀이 지도사 과정을 함께 들었는데 기억나세요?"
"그럼요. 잘 지내시죠? 무슨 일 있으세요?"
"선생님, 책 쓰셨다는 말씀 들었어요. 축하드려요."
"예, 감사해요. 이제 시작하는 거죠."
"그래서 전화 드렸는데요, 저 좀 도와주세요. 작가님!"

153

축하 인사를 나누고 선생님은 이야기를 이어가셨다. 책 놀이 지도사 자격을 갖추고 인근 초등학교 돌봄교실 특기 적성 강사로 지원하고 싶다고 말씀하셨다. 이력서 작성은 어렵지 않았는데 수업계획서가 쉽지 않다고 하소연을 하셨다. 3월부터 시작해서 다음 해 2월까지의 수업계획서를 작성하려니 너무 막막하다며 한숨을 쉬셨다. 연간계획서는 한 주에 하나씩 한 달에 네 권, 그리고 총 열두 달이니 오십 권에 가까운 그림책과 책 놀이를 열거해야 하는 일이었다.

'아, 나에게는 그림책 수업계획안이 이렇게 쌓여있었구나! 이 경험도 나눌 수 있겠다.'

내가 그림책 수업계획안을 작성할 때 어떻게 하는지 떠올려보았다. 수업을 진행하는 기관에 따라 양식은 조금 바뀌지만, 내용을 채우는 것은 나의 몫이었다. 나는 나의 그림책 수업을 상상하며 수업계획안을 작성법을 정리해보았다.

첫째, 대상 연령을 명확히 한다.
내가 만나게 될 아이들의 연령을 먼저 확인한다. 예를 들어 초등 돌봄교실이라면 1, 2학년이니 8세부터 9세 아이들을 만나게 될 것이다. 이 아이들은 한글과 친해지고 있는 단계의 아이들이다. 입학

전 한글 읽기가 완료된 친구도 있겠지만, 글자만 읽는 경우가 많다. 글자와 글자, 단어와 단어 그리고 문장의 의미를 제대로 파악하기에는 어려움이 있는 대상이다. 이 친구들과 함께 읽을 그림책은 글이 너무 많아서는 안 된다. 그림만으로도 아이들의 시선을 잡는 그림책이 좋다.

둘째, 아이들의 생활과 계절의 변화에 주목한다.

3월은 아이들이 기관에 입학하는 시기이다. 낯선 교육기관에 적응해야 하는 시기인 것이다. 학교라는 공간을 소개하고, 교실에서 지켜야 하는 규칙 그리고 새로운 친구들을 만나는 방법을 알려주는 그림책이 좋다.

4월은 봄이다. 봄꽃들이 아름답게 피기 시작하고, 옷차림도 조금씩 바뀐다. 자연에서 봄을 만날 수 있도록 안내하는 그림책이면 좋겠다. 그림책 속 세밀화를 통해 자연을 만나는 것도 좋은 방법이 된다.

5월은 가정의 달이다. 어린이날, 어버이날이 있고 스승의 날이 지나면 부부의 날도 있다. 가족에 관련된 그림책을 읽어주기에 딱 좋은 시기다. 가족의 가족을 부르는 방법, 다양한 가족을 소개하는 그림책, 시간의 흐름에 따라 변화하는 가족의 이야기도 재밌다. 가장 가까이에 있는 가족을 떠올리고 그 가족에게 감사와 사랑을 표현할 수 있는 아이들이 되도록 이끌어주자.

6, 7, 8월은 호국보훈의 달, 여름 이야기를 준비한다. 나라를 위해 목숨을 바치신 분들에 관한 이야기를 나누고, 지금 학생들이 할 수 있는 나라를 사랑하는 일을 찾아보는 것도 좋겠다. 여름에 관한 그림책은 아이들이 좋아하는 것들이 참 많다. 여름 과일, 물놀이, 부채에 관련된 그림책도 다양하다.

9월과 10월 사이에는 추석이 있다. 한가위 명절에 관한 그림책을 읽고, 아이들과 명절 음식, 명절 풍습을 알아보면 좋겠다. 전통놀이를 체험하고, 다양한 떡을 소개하는 그림책은 어떨까? 추석 전후에 그림책을 함께 읽으며 각 가정의 명절 이야기를 나누는 것도 좋은 수업이 될 것이다.

11월은 가을 이야기를 하자. 알록달록한 가을 나뭇잎은 아이들과 함께 가지고 놀기에 적당하다. 단풍이 가득 떨어진 공원의 숲에서 그림책을 읽는다면 그것만으로도 행복한 추억이 될 것이다.

12월 겨울과 크리스마스 주제로 준비하자. 겨울 풍경이 예쁜 그림책, 겨울 놀이를 소개하는 그림책, 크리스마스에 관한 그림책으로 한 달을 채우면 그림책 수업이 풍성해진다. 즐거운 그림책 수업 가운데 주변의 이웃에 관심을 가지고 배려하는 마음도 함께 나눌 수 있기를 바란다.

이제 새해를 시작해보자. 1, 2월은 아이들에게 새해를 맞이하는 시기이지만 한 학년을 마무리하는 시기이기도 하다. 새로운 해를 맞이하며 다음 학년에 하고 싶은 일을 계획하고, 새해 달력을 보면서 열두 띠 이야기를 해보는 것도 좋겠다.

셋째, 그림책과 연결된 책 놀이를 준비한다.

책 놀이는 거창한 준비물보다 아이들의 대화와 생각이 주인이 되는 놀이면 좋겠다. 예를 들어, 아이들과 함께 질문지를 만들어보는 활동이다. 질문은 대화와 소통을 이끌고 동시에 아이들의 생각 주머니를 키운다. 주제에 알맞은 만들기 키트를 활용하게 되면 아이들이 자유롭게 표현할 수 있는 공간은 반드시 만들자. 자신의 생각을 자유롭게 표현할 수 있을 때, 진짜 책 놀이가 시작되기 때문이다. 단, 계획서를 작성할 때에는 이 모든 필요한 준비물을 꼼꼼히 적어야 한다.

넷째, 수업계획안은 아이들의 상황에 따라 언제든 바뀔 수 있다.

수업계획안은 말 그대로 계획이다. 대상과 시기에 알맞은 주제를 선정하고 작성했더라도 실제 아이들을 만나면 달라지는 것이 계획이다. 그리고 기관의 일정에 따라 수업 일정이 변경되기도 한다. 코로나19를 겪으며 수업 방식이 갑자기 비대면으로 바뀔 수도 있다는 것도 경험했다. 어떤 일이든 일어날 수 있고, 언제든 수정 보완하여 수업이 진행될 수 있다는 마음을 가지자.

스위스의 정신과 의사이자 분석심리학의 창시자인 카를 구스타프 융은 "한 사람에게 잘 맞는 신발이라도 다른 사람의 발을 아프게 할 수 있다. 모든 경우에 다 적용되는 삶의 비결이란 존재하지 않는다"라고 했다. 나의 수업에 맞는 수업계획안은 스스로가 작성해야 한다. 자신이 실제로 할 수 있는 수업을 준비해야 하는 것이다. 다른 사람이 성공한 열 번의 수업계획안은 필요 없다. 자신이 즐겁게 할 수 있는 수업으로 계획안을 작성한다면 그 계획안은 자신의 자산이 된다.

당신도 메신저가 될 수 있다

작가는 메신저다. 「백만장자 메신저」의 저자 브렌든 버처드에 따르면 메신저는 자신의 경험과 지식을 메시지로 만들어 다른 이들에게 전달하는 사람이라고 말한다. 즉, 메신저는 다른 사람들에게 조언을 제공하고 그 대가를 받는 사람인 것이다.

그림책을 읽고, 책 놀이 수업을 한 경험으로 책을 썼다. 그 책이 세상에 태어나면서 나는 메신저가 되었다. 나의 경험이 가치가 있다는 것을 알았고, 꼭 필요한 곳에 전해지기를 기대하며 오늘도 책을 쓴다.

"어떻게 하면 그렇게 잘할 수 있어요?"

주변에서 자신에게 이렇게 묻는 경험이 있는지 생각해보자. 각자에게는 누구나 사람들이 조언을 구하는 자신만의 '콘텐츠'를 가지고 있다. 그것을 발견하고 체계화하고 경험을 나누는 것은 오롯이 자신의 몫이다. 그것을 하기 위해 세상에 태어난 것인지도 모른다. 살맛 나는 세상을 만드는 정답은 내 안에 있다. 이 책을 읽고 있는 당신도 메신저가 될 수 있다. 지금 멈추어 생각하고 과감하게 실천하자. 다 잘 된다.

엄마도
꿈을 이룰 수
있습니다

5장

함께하면
더 쉬운
꿈 찾기

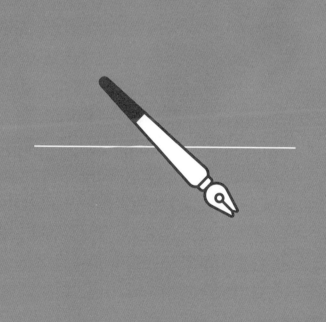

아들의 진로교육을 위해
시작한 공부,
진로독서지도사

도서관에서 한국사 강의를 듣고 있었다. 그림책 지도사 과정을 마치고 역사 그림책에 궁금증이 생겨 시작한 공부였다. 첫 번째 강의를 마치고 짐 정리를 하고 있는데 강사님께서 말씀하셨다.

"혹시 '진로독서지도'에는 관심 있으신 분 있으셔요?"

귀가 솔깃했다. 첫째가 초등 4학년이었다. '진로에 대해 함께 관심을 가지고 공부해야 하지 않을까?'라는 생각을 하고 있던 터였다.

"지난주에 첫 강의를 시작했는데 수강인원이 적어서 더 신청받

을 수 있다고 하네요. 제가 적극 추천해 드리는 강의입니다. 강사님
께서도 어렵게 시간을 마련하셨어요. 초등 고학년을 키우시는 부
모님이 계시면 꼭 참여해보셔요."

나에게 필요한 과정이 내 앞에 펼쳐지는 것이 신기했다. 나의 성
장을 위한 공부도 중요했지만, 아들의 성장에 필요한 것이라면 내
가 먼저 공부하고 준비하고 싶었다. 그때까지만 해도 그 두 가지는
따로 준비해야 한다고 생각했다. 나는 얼른 강사님께 문의를 드리
고 추가 접수를 마쳤다. 이날의 선택이 나에게 어떤 결과를 가져올
지 조금도 상상하지 못했다.

두 번째 강의가 시작되던 날, 나는 여느 때와 같이 두 아이의 등
원과 등교를 마치고 부지런히 도서관으로 향했다. 이웃 동네로 가
는 버스의 창밖으로 여름의 끝자락을 느낄 수 있었던 2018년의 9
월이었다. 도서관 3층 세미나실 문 앞에 섰다. 손잡이를 잡고 있는
데 안에서 기분 좋은 웃음소리가 들렸다. 그 일로 진로독서지도사
과정의 첫인상은 나에게 맑은 웃음이 되었다. 문을 열고 들어서니
강사님과 먼저 온 수강생분이 마주 앉아서 준비한 간식을 나눠 먹
고 계셨다. 그 뒷모습이 참 정겨웠다.

함께 성장하는 진로독서지도사

진로독서 지도사 수업은 대부분 모둠으로 이루어졌다. 그림책을 펼친 시간도 그랬다. 독서지도 과정에서 빠질 수 없는 것이 그림책이었다. 초등 중학년 이상을 키우시는 분들이 오실 거라는 나의 예상과는 달리 강의실에는 유아와 초등 저학년을 키우시는 분들이 많이 오셨다. 그래서 그림책에 대한 관심은 더욱 컸다.

강사님께서는 무작위로 모둠원에게 그림책을 한 권씩 나눠주셨다. 한 분이 낭독하고 다른 분들은 그림을 보면서 그림책 읽기에 참여했다. 모둠원들은 그림책의 그림을 보면서 여러 가지 해석을 했다. 각자 다르게 바라보고 있으면서 작가의 의도를 찾아가는 과정이 신기했다. 각자 아이들에게 질문할 수 있는 내용도 기록하면서 적극적으로 참여했다. 그림책 지도사 과정과 또 다른 방법으로 그림책을 만나는 시간이었다.

질문지를 작성했던 것을 바탕으로 그 자리에서 교육계획안을 함께 작성했다. 머리를 맞대고 질문과 발문을 섞어가며 계획안의 양식을 채워갔다. 질문은 책의 내용을 정확히 파악했는지 확인할 수 있는 내용이고, 발문은 아이들의 생각을 이끌어내는 문장이다. 질문도 중요했지만 발문이 더 중요하다. 다양한 생각들을 펼칠 수 있도록 이끌어주는 것이 선생님의 역할이기 때문이다. 물론 발문 작성이 처음부터 쉽지는 않았다. 나를 포함한 수강생들은 학창시절부터 정답이 있는 질문에만 익숙해져 있었기 때문이다.

헤르만 헤세는 「데미안」에서 "우리가 배우는 대부분의 사실은 틀림없이 올바르고 진실한 것이지만, 이 모든 것들을 선생님들과는 완전히 다른 관점으로 볼 수도 있는 거야. 그리고 이렇게 할 때 대개 더 이해하기 쉽지"라고 했다. 다른 사람의 의견을 받아들이기만 하는 삶은 주도적일 수 없다. 진로독서지도사는 아이들이 세상을 비판적으로 바라보고 다른 관점으로 생각할 수 있는 기회를 제공해야 한다.

우리는 강의시간을 통해 계속 도전했다. 매시간 바뀌는 모둠원들을 통해 서로 가르쳐주고 서로 배웠다. 혼란스럽기만 하던 계획안 작성 시간이 점점 단축되었다. 함께 성장하는 것을 경험한 좋은 기회였다.

엄마의 꿈을 들여다보다

진로독서 지도사 과정에서 가장 기억에 남는 것은 '나의 꿈 포스터' 활동이었다. 강사님은 수강생들에게 커다란 색상지를 한 장씩 주셨다. 그리고 모둠 책상마다 다양한 잡지를 몇 권씩 놓으셨다. 영문을 몰라 갸우뚱거리고 있는 수강생들에게 강사님은 '나의 꿈 포스터'를 만드는 방법을 설명해주셨다.

"무슨 활동인지 궁금하시죠? 잡지를 펼쳐보시면서 내가 좋아하는 것들을 먼저 찾아보세요. 그리고 나의 꿈과 연결 지어 표현해보세요. 표현방법은 자유입니다. 어떤 형식이든 괜찮아요. 주변을 둘러보지 마시고 나를 믿고 시작해보세요."

나는 강사님의 설명을 듣고 잠시 멈추었다. '내가 좋아하는 것이 뭐였지?'라는 질문이 내 안에 떠올랐다. 지난 몇 년간 두 아이의 엄마로 사느라 그저 아이들이 좋아하는 것에 대해서만 생각하면서 살았기 때문이다. 잡지를 한 장씩 넘기면서도 첫째가 좋아하는 자전거, 둘째가 좋아하는 그리기 도구만 보였다. 그러다 문득 나의 핸드폰 케이스 색깔이 눈에 들어왔다. 빨간색이었다. '아! 내가 빨간빛을 좋아하는구나!' 그때부터 빨간빛을 찾기 시작했다.

누구보다 빨리 달릴 것 같은 빨강 자동차, 빨강 창문이 달린 예쁜 집 그리고 빨강 표지의 책을 오려냈다. 내가 받은 색상지에 하나씩 붙이고 기록하면서 즐거웠다. 빨강 자동차를 운전하는 나의 모습, 햇살이 비치는 아침 빨강 창문을 여는 나의 모습 그리고 책을 쓴 작가의 모습을 상상했다. 나의 생각은 그 모습을 실제로 만나기 위해서는 어떻게 해야 하는지 구상하고 있었다. 누구의 엄마, 누군가의 배우자가 아니라 오롯이 나, 조현주에게만 집중해서 탐색하고 발견하는 시간이었다.

「세상의 중심에 너 홀로 서라」에서 작가 랄프 왈도 에머슨은 이렇게 말했다. "당신 자신의 생각을 믿는 것. 당신 자신의 마음속에서 진실이라고 믿는 것은 곧 다른 모든 사람에게도 진실이다. 이것이 재능이다.' 재능은 멀리서 찾는 것이 아니었다. 나를 믿고 나에게 집중하는 시간에 내 안의 재능은 이미 반짝이고 있었다. 재능이 꿈의 실현과 연결되는 것은 오롯이 나의 몫이다.

그날의 발표시간은 어느 때보다 활기찼다. 각자의 꿈을 사진과 글로 생생하게 만난 예비 진로독서지도사들은 한껏 상기되어 발표를 이어갔다. 한 명 한 명이 자신의 꿈을 펼칠 때마다 청중들은 아낌없는 박수로 힘껏 응원했다. 따스한 응원과 지지가 서로의 가슴에 포근하게 남았다. 그 시간을 통해 서로를 조금 더 알게 되었다. 좋아하는 것과 즐기는 것 그리고 해내고 싶은 것들을 나누며 조금씩 더 친해졌다. 그 이후의 강의시간이 더욱 풍성해진 것은 당연한 결과였다. 날마다 꿈꾸는 시간이었다.

12주간의 강의를 마치고, 늘 많은 것을 주고 싶어 하셨던 강사님은 잊지 못할 말씀도 남기셨다. "잘하는 사람이 아니라 끝까지 버티는 사람이 명강사가 됩니다." 끝까지 하는 것이 얼마나 중요한 것인지 거듭 반복하셨다. 강사님 본인의 경험을 통한 깨달음이었기에 더욱 진솔하게 다가왔다.

진로독서지도사 과정은 아들의 진로지도를 위해 선택한 강의였다. 하지만 12주간의 과정은 나를 탐색하고, 나의 진로를 고민하는 시간이었다. 함께 공부하는 분들과의 소통으로 같이 성장하는 기뻠을 맛본 시간이었다. 한국사 강사님의 추천에 내가 적극적으로 선택하고 결정한 것이 얼마나 다행인지 몰랐다. 삶이 나에게 펼쳐 주는 것에 감사했다.

지금 내가 고민하고 있는 것이 있다면 우선 시작해보자. 고민한 다는 것은 하고 싶다는 것이다. 내가 하고 싶은 것을 하지 않을 이 유가 없다. 새로운 날을 시작해보자.

"당신의 과거를 바로 오늘, 수천의 눈앞에 가져와 판단 받도록 하 자. 그리고 완전히 새로운 날을 살도록 하라."

만나기 전부터
기분 좋은 모임

달력에 일정을 기록한다. 아들의 일정은 검은색, 딸의 일정은 빨간색 그리고 나의 스케줄은 파란색 볼펜으로 적는다. 처음에는 아이들의 일정을 기억하기 위해 기록한 달력이었지만 어느새 파란색이 점점 많아졌다. 그중에서도 손꼽아 기다리는 모임이 생겼다. 그것은 진로독서지도사 과정을 마치고 시작한 엄마들의 모임, 꿈단지다.

"인천은 여러분에게 맡기면 되겠어요. 그러니까 절대로 그냥 흩어지시면 안 됩니다. 수업 시간에 작성한 수업계획서를 책꽂이 장식용으로 두지 마세요. 아이들에게 전하시고 함께 성장하시는 선생님들이 되시길 바라요. 응원 드려요!"

170

진로독서지도사 과정을 이끌어주신 강사님은 강의시간마다 반복하던 말씀을 마지막 시간까지 잊지 않고 강조하셨다. 처음엔 헤어지는 것이 아쉬워서 모임을 시작하자고 했었다. 진로독서 선생님이 될 것이라는 의지보다 같이 공부하고 놀았던 시간을 연장하고 싶었다. 좋은 사람들과 더 만나고 싶은 마음이 자연스럽게 모였다.

금요일 오전, 도서관으로 향하기 위해 준비하는 나의 손이 바빴다. 텀블러에 향긋한 커피를 가득 채우고, 간식거리도 잊지 않았다. 어떤 날은 삶은 고구마를 한 아름 준비했고, 또 어떤 날은 부침개를 부치기도 했다. 함께 이야기 나누며 먹을 생각에 콧노래까지 흥얼거렸다. 마음은 가볍게 두 손은 무겁게 달려간 도서관이었다. 세미나실의 책상은 각자 가방에서 꺼낸 간식거리들로 이미 만원이었다. 같은 마음이었으리라. 함께하는 시간을 위해 자신의 것을 기꺼이 나누려는 마음들이 서로를 더욱 행복하게 만들었다.

결정하기 VS 결정 당하기

만나기 전부터 기분 좋은 모임이 있다. 달력에 표시를 해두고 두근거리며 기다리는 만남이 있다. 그런 만남이 소중하다는 것을 나는 마음에 상처를 입으며 배웠다.

그림책 연구모임이었다. 매주 만났고, 매시간 열심히 준비해서 연구모임을 이어갔다. 하지만 어느 날인가부터 제대로 소통이 이루어지지 않는다는 것을 느낄 수 있었다. 소수의 의견이 무시되기 시작했다. 함께 연구한 결과물인 수업계획안이 공유되지 않았다. 타의에 의해 모임 장소가 바뀐 것도 이해하기 힘들었다. 한 가지 의문이 떠올랐을 때, 해결하지 못하고 묻어두니 의문점들이 쌓였다. 질문을 해도 속 시원한 답이 돌아오지 않았다. 빙글빙글 돌아서 흐릿한 대답만 들을 수 있었다.

그런 느낌이 쌓일 때쯤 알았다. 내가 외출을 준비하며 즐겁지 않다는 것을. 즐거움보다는 의무와 책임감에 끌려가고 있다는 것을 피부로 느꼈다. 하지만 결정하지 못하고 시간만 흘렀다. 그렇게 몇 주의 시간이 흐른 어느 날, 나는 아이의 손을 잡고 병원을 가던 길에 전화를 받았다.

"선생님은 저희 모임과 색깔이 다르신 것 같습니다. 다음 주부터는 연구모임에 참석하지 않으셔도 됩니다."

"예? 그러면 진행하고 있는 지역아동센터 수업은 어떻게 할까요?"

"선생님이 원하시는 대로 진행 여부를 선택하시면 됩니다. 저희는 상관없습니다."

"아, 그럼, 제가 준비해서 그림책 수업은 마무리하겠습니다."

나는 너무 당황했었다. 치과 앞에서 두려움에 떨며 내 손을 잡고 있는 아이가 옆에 있었고, 병원 복도는 오고 가는 사람들로 가득했다. 내가 무슨 말을 들었는지, 어떻게 대답을 하고 있는지 파악하는데, 한참 걸렸다. 그래도 지역아동센터 그림책 수업 이야기를 꺼냈다는 것이 지금도 신기할 따름이다. 그렇게 나의 두 번째 그림책 연구모임은 타의에 의해 종결되었다. 축구경기에서 심판의 빨강 카드가 올려진 상황이었다. 그 이후로도 한참 동안은 이해가 되지 않아서 답답하고 억울했다. 내쫓기는 이유도 제대로 묻지 못한 내가 바보 같아서 더 속상했다.

하지만 시간이 흐르면서 알았다. 그것은 적당한 시기의 이별이었다. 모임에 참석하면서 내 마음이 이미 불편했다는 것을 내가 가장 잘 알고 있었다. 내 마음의 이야기를 들어야 한다. 내가 결정하고 선택하지 못하면 결정 당하게 된다. 나의 경험처럼 말이다. 플라톤은 「소크라테스의 변명」에서 소크라테스의 말을 이렇게 회상한다.

5장

함께하면 더 쉬운 꿈 찾기

"다른 사람들을 시험하는 것은 신이 나에게 부과한 의무입니다. 이러한 의무는 신탁이나 꿈이나 신의 섭리로 어떤 사람에게 암시를 주는 온갖 방법으로 나에게 내리신 명령입니다."

소크라테스는 자신에게 집중하는 사람이었다. 신탁이라는 말로 자신의 소명을 밝히고, 다음 세대에게 지혜를 나누었다. 마음의 이야기를 들을 줄 알았기에 자신의 삶을 결정하고 그렇게 살아냈다.

내 마음의 이야기를 듣는 방법

내 마음의 이야기를 듣기 위해서는 어떻게 해야 할까? 어떻게 하면 나에게 집중할 수 있을까? 나는 매일 고전을 읽는다. 내 마음을 울리는 문장에 밑줄을 긋고, 그 문장을 천천히 노트에 옮겨 적는다. 그리고 필사하면서 떠올랐던 이런저런 생각들을 함께 기록한다. 그 시간은 나에게 스스로와 대화하는 명상의 시간이 된다. 처음부터 쉽지는 않았다. 하지만 매일 꾸준히 읽고, 생각하고 쓰면서 조금씩 익숙해졌다. 함께 하는 사람들이 있다면 더욱 좋다. 서로 응원하고 격려하며 지속할 수 있기 때문이다. 자신의 마음에 집중하는 시간을 적극적으로 추천한다. 그래야 자신의 삶을 스스로 선택하고 살아낼 수 있기 때문이다.

내 마음의 이야기를 듣고 내가 적극적으로 참여한 모임에서 함께 읽은 그림책이 있다. 바로 「무지개 고양이」(에어라이 앤더슨 글. 그림, 유수현 옮김, 삐아제어린이)다. 그림책의 표지에는 흰 고양이가 방긋 웃으며 발을 내딛고 있다. 고양이의 뒤로 찍힌 알록달록 발자국이 눈길을 끈다. '그래서 무지개 고양이일까?' 그림책의 이야기가 궁금해지는 표지그림이다. 회색 구름이 잔뜩 낀 날씨에 흰 고양이는 종일 우울하게 지내고 있었다. 그러다 고양이는 한 가지 생각을 한다.

'바로 지금이 색깔을 고를 때야.'

흰 고양이는 초록색 나뭇잎을 올려다보았다. 그랬더니 흰 고양이의 몸에 초록 점이 나타났다. 빨간색 장미꽃의 향기를 맡았을 때 고양이의 몸에는 붉은 점이 생겼다. 파란색 연못과 보라색 나비를 보자 같은 색의 무늬가 자연스럽게 고양이의 몸에 그려졌다. 고양이는 같은 방법으로 자연 속에서 색깔을 모았고, 알록달록 무지개 고양이가 되었다. 무지개 고양이가 수풀 속에서 밤을 보냈을 때, 더 놀라운 일이 일어났다. 그 뒤의 이야기는 상상에 맡긴다.

꿈단지 선생님들과 모임은 나에게 무지개 고양이 같았다. 다양한 색을 가진 선생님들이 모여 있었기에 매주 만나도 매번 새로운 것을 배웠다. 지극히 감성적인 선생님, 완벽하게 논리적인 선생님, 글보다 그림으로 표현하는 것이 즐거운 선생님, 온몸을 활용해 열정적으로 이야기하는 선생님과 호응하며 열심히 손뼉 치는 선생님까지... 정말이지 너무 다르고, 놀랍도록 조화로웠다. 서로에게 배우고, 함께 성장했다. 각자의 색이 뚜렷했지만 그랬기에 다양한 시선을 경험할 수 있었다.

내 주변의 사람들을 떠올려보자. 그리고 다음 질문에 스스로 대답해보자.

만나기 전부터 룰루랄라 콧노래가 나오는 모임이 있는가?

그들과 함께할 때 나의 마음은 어떠한가?

서로의 성장에 아낌없는 응원을 보낼 수 있는가?

각자의 다름에 엄지손가락을 치켜세울 수 있는가?

함께 꿈꾸고 싶은 사람들인가?

지금 뭔가 답답하고 힘들다면 무지개 고양이처럼 색깔을 고를 때다. 나의 주변을 살펴보고, 나와 함께하는 사람들과 함께 우리만의 색을 만들어나가자. 누가 시작하기를 기다리지 말고, 내가 먼저 용기 내어 보자. 먼저 생각한 사람이 시작하면 된다. 나의 삶을 만들어나가는 것은 나 자신이라는 것을 기억하자. 당신의 꿈을 향한 용기에 나의 응원을 한 스푼 건넨다.

꿈꾸는 엄마들의
재능기부

"마을 만들기 사업이 있는데 신청해볼까요?"

"그게 뭐예요? 우리가 할 수 있는 거예요?"

"주민 5명이 모이면 신청할 수 있는 마을 사업이에요. 마을 돌봄, 교육 분야에 지원해보면 좋을 것 같아요. 어떠세요?"

2018년 12월부터 시작된 꿈단지 모임은 2019년을 함께 맞이했다. 새해를 맞이하며 나이를 한 살 더 먹었고, 아이들도 함께 성장했다. 도서관을 적극적으로 활용할 줄 알았던 엄마들은 모임 시간 외에도 평생교육 정보를 나누며 같이 공부했다. 그렇게 배우면서 일주일에 몇 번을 만났다. 만날수록 이야기할 것이 더 많아지는 신기한 만남이었다. 2월의 어느 날, 남동구청의 블로그 알림을 듣고 공지사항을 읽게 되었다. '마을 만들기' 사업에 관한 내용이었다.

'마을 만들기가 뭐지?'
'다섯 명 이상의 남동구민이 모이면 신청할 수 있다고?'
'꿈단지 선생님들과 할 수 있지 않을까?'

인천시 마을공동체 지원센터에 따르면 마을(공동체)만들기 사업은 "주민들이 함께 마을에 필요한 일과 공동의 관심을 찾아 공동체가 형성되도록 돕는 일체의 활동들을 지원하는 사업"으로 기존의 관 주도의 사업에서 크게 벗어나 주민 스스로 제안, 계획수립, 실행, 사후관리 등 사업의 전 과정을 주민이 주도하는 사업이라고 하였다.

지원할 수 있는 분야는 다양했다. 가장 먼저 찾아야 하는 것은 '내가 적극적으로 참여할 수 있는 분야가 있는가?'였다. 마을 만들기 사업 내에는 돌봄, 교육 참여 부분이 있었다. 눈이 번쩍 뜨였다. 진로독서지도사 과정을 함께 공부하면서 작성해두었던 독서 지도 계획안이 떠올랐다. 나는 곧장 확인한 내용을 단체 대화방에 공유하며 이야기를 시작했다.

여덟 명이 모여 있는 단체 대화방에는 다양한 의견이 오고 갔다. 새로운 도전에 흥미를 보이는 분도 있었고, 복잡하고 낯선 공문을 미리 살펴보고 갸우뚱거리는 분도 있었다. 참여하면서 배워가면 된다는 분도 있었고, 조금 더 천천히 진행하는 것이 좋겠다는 의견을 주시는 분도 있었다. 한 사람이 있다는 것은 하나의 의견이 존재한다는 것이다. 서로 다른 의견을 눈치 보지 않고 마음 편하게 나눌 수 있어서 좋았다. 모두 관심을 가지고 살펴볼 수 있는 것이 생겼다는 것도 기분 좋은 설렘이었다. 단체 대화방의 이야기는 정기 모임에서도 자연스럽게 이어졌다.

"교육 분야에 재능기부가 있어요. 진로독서지도사 과정을 배우면서 작성해두었던 수업계획안을 활용해보면 어떨까요? 가정의 아이들만 데리고 하던 수업을 조금 더 크게 확장해보면 될 것 같아요."

"아하! 작성해 둔 계획안이 있었구나! 그런데 어디에서 해야 하죠? 장소가 없잖아요."

"장소는 도서관에 문의해볼게요. 도서관마다 재능기부 수업 신청을 받으시거든요. 그러면 수업 장소는 해결이 되었네요. 그럼, 다음 빈칸은 교육대상과 내용이에요. 하나씩 채워볼까요?"

"공모신청서에 작성해야 할 것이 참 많네요."

모두가 둘러앉아 이야기를 나누며 내용을 채워갔지만 처음 보는 양식의 서류에 우왕좌왕했다. 사업의 목적과 목표 그리고 사업계획서와 예산서까지... 이야기를 나눠도 작성하기 어려운 부분이 있었다. 머리를 맞대고 고민하고 있을 때, 도서관의 사서 선생님이 떠올랐다. 언제나 친절하게 독서동아리 모임을 지원해주셨던 선생님이셨다. 나는 '마을 만들기 공모사업 지원 신청서'를 들고 도서관의 사무실로 향했다. 선생님은 내가 내민 서류를 보시더니 눈이 동그래지셨다.

"도서관의 평생교육 예산으로 동아리 지원이 부족해서 늘 죄송했어요. 공모사업에 도전하시면 제가 도움을 드리고 싶어요. 아! 그리고 도서관에서 진행하시게 되면 재능기부 수업으로 장소제공은 가능해요. 사업 내용 부분을 논의하셔서 작성해주세요. 그러면 그 내용을 바탕으로 제가 다른 부분을 채워볼게요. 아마 처음이라 좀 복잡하게 느껴지실 거예요. 우선 꿈단지 선생님들이 할 수 있는 것들로 시작해보시면 되죠. 제가 도와드릴게요. 응원 드려요. 선생님!"

사서 선생님의 말씀만 들어도 든든했다. 편안하게 문의할 수 있는 곳이 있다는 것만으로도 위안이 되었다. 이 글을 쓰고 있는 이유도 같다. 막막하고 답답할 때 내가 받은 응원과 격려를 세상에 나누고 싶다는 생각이 들었기 때문이다. 아프리카 속담에 "빨리 가고 싶으면 혼자 가고, 멀리 가고 싶으면 함께 가라"는 말이 있다. 혼자 성장할 수 있는 방법도 있다. 하지만 내가 선택한 방법은 함께 성장하는 것이었다. 마을 안에서 성장하는 것은 엄마들과 더불어 아이들도 함께 성장하는 멋진 기회가 된다.

그렇게 마을 만들기 공모사업에 신청서를 작성하고 선정되었다는 연락을 받았다. 300만 원 가까운 사업비를 지원받았다. '할 수 있을까?' 고민하던 선생님들도 선정되었다는 소식에 함께 기뻐하셨다. 도전하고 해내는 기분은 꿀맛 같다. 작은 성공이었지만 이 일은 성장의 발판이 되었다. 동아리의 모든 선생님이 적극적으로 참여할 수 있는 목표가 생겼다.

함께 꿈꾸는 두 번째, 마을의 선생님이 되다

재능기부 수업은 2019년 5월부터 11월까지 총 7회 기가 진행되었다. 초등 1, 2학년 대상이었고, 그림책을 읽고 다양한 독후활동을 진행했다. 매월 2주 차에는 수업 준비를 위한 모임을 했고, 철저한 준비를 바탕으로 4주 차에 그림책 놀이 수업을 진행했다. 각자가 작성해둔 수업계획안을 대상에 맞게 수정해서 실제 적용했다. 마을의 아이들은 도서관의 홈페이지를 통해 수업을 신청했다. 물론 모임의 아이들도 수업에 참여했다. 처음 두 달은 참여 인원이 적었지만, 시간이 흐를수록 홍보가 되어, 세 번째 달부터는 홈페이지에 홍보 포스터가 게시되면 바로 신청이 마감되는 일까지 생겼다. 놀라웠다.

선생님들과 나는 수업을 진행하면서 배우고 깨달았다. 실제 수업은 계획안 작성과 다르다는 것을. 아이들과 소통을 위한 질문은 그림책과 자연스럽게 이어지도록 연습하고 독후활동 시간은 충분히 확보해야 했다. 선생님들은 아이들의 저마다 다른 진행속도에 당황했다. 하지만 보조교사로 참여하고 있는 다른 선생님들의 도움으로 단 한 명의 포기자도 없이 진행할 수 있었다. 현장에서 배운 경험은 그대로 선생님들의 노하우가 되었다.

달라이 라마는 "긍정적인 행동을 취하기 위해서 먼저 긍정적인 비전을 개발해야 한다"라고 했다. 확신을 가지고 행동하려면 명확한 비전이 있어야 한다. 명확한 비전은 다른 사람이 개발해주는 것이 아니다. 내가 스스로 개발하는 것이다. 두루뭉술한 소원이 아니라 명확한 꿈을 가져보자. 2019년 나는 '마을 만들기 사업을 진행한다'는 꿈을 꿨다. 내가 개발하고 선택한 꿈은 떠올리는 것만으로도 가슴이 두근거린다. 마음속에서 다양한 질문들이 떠오른다. 그 질문에 대한 답을 찾으며 자신의 꿈을 더 뾰족하게 만들면 된다. 그 에너지는 당신의 마음속에 숨어있는 잠재력까지 깨울 것이라 믿는다. 시작하면 할 수 있다.

수다의 힘은
강하다

'첫 번째 사업은 성공! 이제 뭐 하고 놀지?'

2019년 11월, 꿈단지 선생님들과 함께 도전한 '마을 만들기 사업'은 성황리에 종료되었다. 사업비 예산으로 그림책을 구입해서 토론하며 연구시간도 가지고, 수업에 적용하면서 실천력도 높였다. 실제 수업을 위한 준비물은 논의할수록 더 구체적으로 작성할 수 있었고, 꼭 필요한 것과 불필요한 것을 확실하게 구분할 수 있게 되었다. 첫 도전은 멋있었다. 좌충우돌이었지만 즐거웠고, 배우고 익힌 것을 나누었다는 생각에 뿌듯했다.

마을 만들기 사업이 끝났다고 해서 모임이 종료된 것은 아니었다. 동아리 모임은 '사업'만을 위해 모인 것이 아니기 때문이다. 모임 시간에 무엇을 할지 고민하기도 전에 한 선생님이 대화창에 질문 하나를 던지셨다.

"양말목 공예 아세요?"

"그게 뭐예요? 양말로 하는 건가요?"

"양말목이요! 양말목을 엮어서 작품을 만드는 거예요. 사진으로 보여드릴게요."

"어머나!"

선생님이 보여주신 사진에는 둥근 냄비 받침부터 발 매트 그리고 가방까지 있었다. 양말목을 엮어서 이렇게 만들어낼 수 있다는 것이 신기했다. 양말목은 양말의 목 부분을 만들 때 공정상 나오는 부산물이었다. 머리끈 모양으로 생겼고, 색상도 가지가지였다. 양말을 직조한 후에 목 부분을 마감하면서 잘라낸 부분이라 튀어나온 실로 지저분하고 먼지도 날려서 사용할 곳이 없는 산업폐기물이었다. 하지만 이 둥근 양말목이 DIY 재료가 되어 멋진 공예품으로 탄생하게 된 것이다.

우리는 '재밌겠다'는 생각에 곧장 구입처를 알아보았다. 재료비가 많이 들지도 않았다. 8명의 선생님이 모두 한 아름씩 모아두고 만들 수 있도록 넉넉하게 재료를 구입했다. 미리 해보신 선생님이 재료가 오면 건조기에 한 번 돌려야 한다며 구입과 건조를 맡아주셨다. 그리고 바로 다음 모임에 도서관 세미나실로 가져오셨다. 돗자리를 펼치고 쏟아부었더니 양말목이 산을 이루었다. 알록달록 너무 예뻤다. 모임에 함께 참여한 아이들도 감탄하며 소리를 질렀다. 자신이 좋아하는 색을 먼저 찾아서 모아두는 아이도 있었다. 양말목 무더기에서 이리저리 색을 찾을 때마다 여러 가지 색깔이 물결치는 파도 같았다. 아이들까지 즐거워하는 모습을 보니 뿌듯했다.

나는 그 자리에서 양말목을 가장 간단하게 엮어내는 방법을 배웠다. 선생님이 바로 옆에서 보여주며 가르쳐주시니 훨씬 쉬웠다. 나 혼자였으면 절대 시도하지 않았을 경험이었다. 다양한 취미와 선호도를 가진 분들이 모여 있으니 가능한 일이었다. 엄마들과 더불어 아이들까지 경험할 수 있으니 일석이조였다. 손은 부지런히 엮어내며 작품을 만들고 수다는 계속 이어졌다. 아이를 낳고 키우면서 두 가지 세 가지 정도는 한꺼번에 할 수 있는 능력은 자연스럽게 갖추게 된 엄마들이었다. 그래서 가능했다. 할 수 있는 것을 더 잘하게 되는 법을 놀면서 깨닫고 있었다.

수다로 풀어내는 집단상담의 시간

수다의 힘은 대단했다. 수다의 단골손님은 물론 자녀였다. 유아부터 초등 고학년까지 각자의 아이에 대한 고민은 각기 다른 색깔이었다. 아이를 책으로 바르게 키우고 싶다는 마음은 공통적이었지만 방법을 적용하는 것은 다른 문제였다. 모든 아이는 다 다르기 때문이었다. 그래도 조금 먼저 경험한 선배 엄마의 이야기를 들을 수 있다는 것이 너무 소중했다. 아이의 학교생활이나 선생님과의 소통방법도 중요한 팁이 되었다.

초등 입학을 앞둔 아이를 둔 엄마에게 "잘 할거예요. 미리 걱정하지 마세요. 아이들은 계속 자라고 있어요"라는 말은 듣는 그대로 힘이 되었다. 선생님과의 소통방법에 고민하고 있는 엄마에게 "알림장을 이용해 보세요"라는 한 문장의 조언은 빛이 되었다. 8명이 모여 있으니 한 가지 해결책이 아니라 한꺼번에 8개의 방법이 쏟아졌다. 물론 그 안에서 선택하는 것은 각자의 몫이었다. 하지만 혼자 고민만 하다가 한숨만 지었을 시간을 생각하면 수다 속에서 찾은 해결책은 숨구멍이 되었다.

엄마들의 수다의 두 번째 출연자는 배우자였다. 어쩌면 그렇게 본인과 너무나 다른 사람을 선택했는지(나도 마찬가지다!), 가슴을 치면서 풀어내는 에피소드는 듣는 사람의 마음까지 답답하게 만들었다. 고개를 끄덕이며 듣다가 말하는 사람보다 더 크게 화를 내는 엄마도 있었고, 물을 벌컥벌컥 마시는 분도 있었다. 그 모습을 보며 말하는 분은 처음의 에피소드에서 다음으로 넘어가면서 피식 웃어버리는 경우도 생겼다.

어떤 상황에서도 웃을 수 있는 힘이 있는 사람이 바로 엄마다. 수다를 하면 알게 된다. 나 혼자만 답답하고 힘든 것이 아니라는 것을. 그렇게 편안하게 수다하고 서로에게 공감받으면서 우리는 집단상담을 하고 있었다. 강진령의 「집단상담의 실제」에서 "집단상담은 두 명 이상의 구성원으로 구성된 모임에서 상호작용과 새로운 관계를 경험하고 궁극적으로 더 나은 삶을 향해 노력하는 상담의 형태"라고 말한다. 이 상담을 통해 내담자는 무조건적인 수용과 격려, 지지를 경험하게 되고, 자신과 타인을 인정하는 연습도 하게 된다고 전했다. 수다는 집단상담의 역할을 톡톡히 해냈다.

함께 놀기의 달인이 되다

동아리 선생님들의 재능은 또 있었다. 선생님이 방법을 알려주시는 대로 할 때는 몰랐는데 지금 생각해보니 재활용이고, 그 자체로 업싸이클링이었다. 아이가 다니는 태권도 체육관에서 송판을 한 아름 받아오신 선생님은 그것으로 작품을 만들자 제안하셨다. '송판에 뭘 할 수 있지? 그리는 건 영 자신이 없는데...' 디자인 공부를 하셨고, 그리는 것이 편안한 선생님은 너무 쉽게 말씀하셨지만 나는 자신이 없었다. 하지만 새로운 것을 경험할 수 있는 기회는 놓치고 싶지 않았다.

"송판에 뭔가 그릴 수 있다고요?"

"글자를 그림처럼 표현하면 되는 거예요. 어떤 글자를 쓰고 싶으세요?"

"아하, 그림이 아니라 글자가 작품이 되는 것이군요!"

"저는 '현주엘리'를 쓰고 싶어요. 선생님, 도와주세요."

시작하고 보면 생각보다 더 쉬운 것이 있다. 미리 겁먹고 주저하면서 걱정주머니만 크게 키워놓고 시작도 못하고 포기한 것이 얼마나 많았는지... 혼자였다면 또 주저앉아 버리고 시도하지도 않았을 경험이었다. 하지만 난 혼자가 아니었고, 이끌어주시는 선생님과 또 함께 도전할 선생님들이 있었다. 게다가 성과를 내야 하는 시험이 아니고, 과정을 즐기며 노는 시간이었다.

각자의 작품은 서로의 얼굴만큼이나 달랐다. 자신의 작품을 들고 설명을 이어가는 선생님들의 표정은 있는 그대로 빛났다. 자신이 좋아하는 단어와 문장을 자신의 원하는 방법으로 마음껏 표현하면서 한결 편안해졌다. 새로운 경험 앞에서 주저하고 걱정하던 내가 가볍게 시작해보면서 편안해진 것처럼...

"그렇다면 머뭇거리지 말고 그러도록 자네 대원들을 고무하게. 그러면 자네도 덕을 보고, 동료 시민도 자네 덕을 볼 걸세."

고대 그리스의 철학자 소크라테스의 제자 크세노폰의 「소크라테스 회상록」에 나오는 글이다. 주저하면서 생각만 하지 말고 함께 시작해보라는 의미다. 그러면 나로 인해 함께하는 사람들도 같이 성장할 수 있는 기회가 된다. 지금, 머릿속을 스치는 번뜩이는 아이디어가 있다면 놓치지 말자. 머뭇거리지 말고 그냥 하자. 가볍게 수다하면서 서로의 생각을 나누면서 시작하면 된다. 혼자가 아니라 함께 꿈꾸고 성장하고자 애쓰는 동행이 있음을 기억하자. 생각을 실천으로 옮길 때 꿈에 한 발자국 더 다가설 수 있음을 기억하자.

"가장 높은 수준의 선비는 도를 들으면 부지런히 그것을 실행한다." 「도덕경」 노자

'마을 학교'가
뭔가요?

"내년에 초등학교 입학이에요. 학교보다 방과 후가 걱정이랍니다. 어느 학원이 좋은지 아세요? 제가 퇴근할 때까지 시간을 보내려면 두 군데 이상은 찾아봐야 하는데... 학원으로 뺑뺑이 돌려야하는 상황이 참 어렵네요."

"학교에 초등 1, 2학년을 위한 돌봄교실이 있어요. 맞벌이 가족 서류 준비하시면 어떨까요? 아이들이 방과 후에 교외로 나오지 않고 바로 이동할 수 있어서 안전해요. 다양한 프로그램도 있고요."

"저희는 과밀학교라서 추첨하거든요. 가능성이 적어요. 돌봄교실을 믿고 그냥 있다가 안 되면 3월에 완전 멘붕일 것 같아요. 초등

1학년 방과 후 스케줄을 짜야 하는 것이 워킹맘의 1순위 과제네요."

초등학교 입학을 앞두고 아이의 학교생활 적응에 신경 써야 하는 시기이지만, 아이 엄마는 아이의 방과 후 일정에 머리를 싸매고 있었다. 학교는 어린이집처럼 맞벌이 가정을 위한 교육 시설이 아니다. 교내의 돌봄교실은 공급보다 수요가 너무 많고, 교외에는 긴 시간 아이를 안전하게 맡길 수 있는 시설이 거의 없다. 초등생을 대상으로 하는 지역아동센터는 교내 돌봄교실보다 입소 조건이 더 까다롭다. 그러니 아이들은 이 학원 저 학원으로 이동하면서 방과 후 일정을 소화할 수밖에 없다. 참 안타깝다.

나의 경우는 행운이라고 해야 할까? 두 아이가 다니는 학교는 전교생 500명 미만의 소규모 학교다. 방과 후 돌봄교실은 1, 2학년 두 반이 운영되고 있었고, 추첨 과정을 거치지 않고 입소 조건만 확인되면 등교할 수 있었다. 그래서 오후 4시까지는 돌봄교실에서 숙제와 특기 적성 수업을 하면서 안전하게 시간을 보냈다. 교내에서 이루어지는 방과 후 수업 과정을 신청해서 듣기도 했다. 2학년까지는 별문제가 없었다. 하지만 아이들은 계속 자라고, 돌봄교실은 더 증축되지 않는 현실이 다가왔다.

첫째가 3학년이 될 무렵, 교내에는 연계형 돌봄교실이 생겼다. 오후 2시에서 4시까지 3학년부터 6학년을 대상으로 하는 돌봄교실이었다. 자체 프로그램은 전혀 운영되지 않았고, 단지 아이들의 돌봄만을 위한 공간이었다. 아이들은 자신의 방과 후 수업 일정에 따라서 이동하다가 빈 시간에 잠깐 그곳을 이용했다. 첫째도 같은 방법으로 돌봄교실을 오고 갔다. 하지만 이내 가기 싫다는 말을 꺼냈다.

"아이들이 없어서 혼자 놀 때가 많단 말이에요. 우두커니 앉아 있다가 또 방과 후 하러 가는 거예요. 그럴 거면 그냥 학교 도서관에 있을래요. 거기서는 만화라도 볼 수 있잖아요."

"시간 맞춰서 방과 후 수업에 가야 하잖아. 도서관에서 만화 보다가 지난번처럼 시간 놓쳐버리면 어떡해? 선생님이 계신 곳에서는 챙겨주시잖아. 아들아, 선생님과 함께 도서관에 갈 수 있게 엄마가 선생님께 말씀드려 볼게. 가능할 거야."

뽀로통하게 입이 나온 아이를 겨우겨우 달래서 3학년의 방과 후 일정은 연계형 돌봄교실에서 보낼 수 있었다. 하지만 4학년부터는 아이의 의견에 따라 학교 수업 후 바로 하교했다가 다시 방과 후 수업에 참여하는 일정으로 변경되었다. 그나마 학교와 집이 가까워서 가능한 일이었다.

마을 학교의 시작

나는 두 아이를 학교에 입학시키고 방과 후의 일정에 관해 고민하면서 뭔가 불편하고 이상하다는 생각이 계속 들었다. 많은 이가 당연하게 생각하고 있는 방과 후의 학원 일정이 아이에게 꼭 필요한 것인지 의문이 생겼다. 아이들의 방과 후 일정이 일하는 부모의 퇴근 시간과 맞물려서 시간 때우기 식으로 보내야만 하는 것도 안타까웠다. 대안이 정말 없는 것일까?

2019년 인천시 남동구는 '남동 교육 혁신지구'가 되었다. 남동 교육 혁신지구란 교육청, 기초자치단체, 지역주민, 학교가 서로 소통하고 협력하는 지역교육공동체 구현을 목적으로 인천광역시교육청과 남동구가 협약을 통해 지정한 지역을 말한다.

행복한 삶을 함께하는 희망 남동 교육은 민.관.학 거버넌스 구축을 통한 마을 교육공동체 활성화, 학교와 마을의 소통과 협력으로 함께 성장하는 교육공동체 조성을 목표로 하고 있다. 이러한 목표를 실현하는 사업으로 '마을 학교 및 마을 교육 사업'이 있다는 것을 알았다. 마을의 주민인 내가 교육의 주체가 될 수 있는 기회였다. 그저 교육의 소비자로 돈을 들고 교육기관 이곳저곳을 기웃거리는 것이 아니었다. 마을이 중심이 되어 마을 주도 교육과정을 운영하는 학교 밖 학교, 마을 학교 사업에 참여하고 싶었다.

"2020년 올해는 마을 학교 사업에 도전해 봐요!"

"마을 학교요? 그건 뭐예요?"

"학교 밖에서 우리가 교육의 주체자가 되어 보자고요. 재능기부가 아니라 마을 교육 활동가로 강의비도 받을 수 있어요."

"그래요? 또 한 번 도전해볼까요!"

꿈단지 선생님들은 머리를 맞대고 다시 모였다. 2019년 마을 만들기 사업에 참여하면서 월 1회로 진행했던 그림책 수업을 확대해 보기로 했다. 책을 읽고, 실내에서 책 놀이 활동만 하는 것이 아니라 다양한 체험활동까지 추가해서 기획했다. 월 2회 교육은 한 번의 그림책 수업과 한 번의 견학으로 구성했다. 그림책 활동에서 더 확장되는 활동으로 계획안을 작성하면서 선생님들이 먼저 설레고 있었다. 우리 아이들과 더불어 마을의 아이들까지 행복하게 키울 수 있다는 생각에 두근거렸다.

계획하고 꿈꾼 것을 바탕으로 공모신청서를 작성했다. 2019년 마을 만들기 사업에 참여해 본 경험이 큰 도움이 되었다. 규모는 더 커졌지만 채워야 하는 내용은 비슷했다. 물론 이번에도 도서관 사서 선생님의 피드백을 받으며 완성했다. 하지만 예년보다는 훨씬 더 작성하기 쉽다는 것을 체감할 수 있었다. 해를 거듭하면서 경험의 중요성을 또 한 번 체험하며 성장하고 있었다.

"마을 학교 꿈단지는 2020 남동 마을 학교 공모사업에 선정되셨습니다."

꿈단지는 2020년 남동 마을 학교 사업에 참여하게 되었다. 총 11개의 남동 마을 학교가 선정되었다. 남동구에는 다양한 분야의 마을 학교가 설립 운영된다는 것을 알았다. 진로체험, 보드게임, 전래놀이, 민주시민 교육, 천연염색, 숲 체험 교실 그리고 코딩교육까지 학교 밖 교육이 반짝였다. 마을에서 이루어지는 돌봄과 배움의 장소는 학원의 대안이 아니라 그 자체로 빛났다.

삶의 힘이 자라는 교육이 마을에서 이루어지는 것이었다. 그런 마을 학교 교육에 주체자로 참여할 수 있다는 것이 몹시 설레었다. 재능기부 수업이 아니라 교육에 참여하면서 정당한 대가를 받는 선생님으로 성장하는 것이 기뻤다. 작년보다 한 뼘 더 자랄 수 있는 기회를 선택한 것이다.

나는 선택할 수 있는 사람이다. 망설이고 있다면 하고 싶은 것이다. 어차피 49 대 51이다. 자신의 선택을 믿고 나가자. 나 역시 마을 학교가 무엇인지 알지도 못하고 시작했다. 도전하고 실수하며 배워가면서 점점 더 성장했다. 엄마의 꿈을 이루기 위한 과정에 잘못된 선택은 없다. 모든 것이 배우고 성장하는 과정일 뿐이다. 이 책을 읽고 있는 한 명 한 명의 멋진 선택을 응원한다. 당신도 할 수 있다.

엄마도
꿈을 이룰 수
있습니다

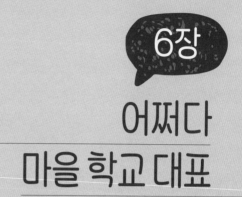

어쩌다
마을 학교 대표

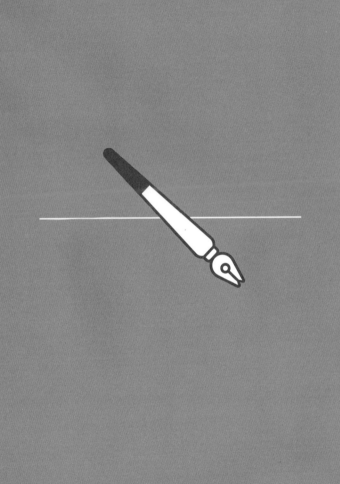

다양한 콘텐츠를
찾아서

"현주 선생님, 제가 다니는 작은 도서관에서 마을 교육 활동가 양성과정이 있는데 같이 하실래요? 주제가 '우리 동네 생태탐방'이에요. 관심 있으시면 같이 배워요."

"생태탐방이요? 난 작은 토마토 화분도 잘 못 키워요. 그래도 괜찮아요?"

"그러니까 배우는 거죠. 우리 마을의 생태 이야기부터 시작한다고 하셨어요."

"그럼, 꿈단지 선생님들과도 나누고 같이 할까요?"

나는 배우는 것을 좋아한다. 아이들이 어린이집에 들어가자마자 인근 도서관에서 배우기 시작했고, 덕분에 그림책을 만났다. 게다가 동아리 선생님들도 만나서 다양한 경험을 나눌 수 있었다. 그런데 이번엔 조금 망설였다. '생태'라는 주제가 너무 낯설었기 때문이다. 위에서 언급한 것처럼 정말이지 나는 식물 키우기 똥손이다. 아이들이 작은 화분이라도 하나 들고 들어오면 베란다에 놓는 순간부터 미안해졌다. '이 작은 생명을 어쩌나! 우리 집에서는 제대로 살지 못할 텐데...' 이런 마음으로 시작하니 영락없이 2주 정도가 지나면 화분은 나의 관심 밖으로 밀려나 시들어버렸다. 그리고 또 나는 나에게 실망했다.

'선생님들과 함께하니 그냥 시작해보자. 내가 받아들일 수 있는 만큼 하는 거지 뭐. 처음부터 전문가가 될 수는 없으니까. 배운 내용을 그림책 수업과도 연결할 수도 있을 테고.'

그렇게 세 분의 선생님과 함께 강의를 듣기 시작했다. '우리 동네 생태탐방' 수업은 마을 교육활동가 양성 기초과정으로 이루어졌다. 5주의 강의가 준비되어 있었다. 우리 마을의 생태활동가 선생님들의 생생한 강의를 들었고, 마을의 곳곳을 탐방할 수 있는 기회가 생겼다. 나는 인천에서 태어나 인천의 남동구에서 가정을 이루고 아이를 키우며 살고 있다. 그런데 우리 마을의 생태에 관해서는 너무 모르고 있었다. 우리 마을의 하천인 장수천의 이야기, 인천대공원 안의 반딧불이 학교 이야기, 소래습지 생태공원의 갯벌과 염전 이야기까지... 내 주변의 생태 자연환경이 이제야 보였다.

우리 동네 생태탐방 시간은 나의 놀이시간이었다. 자연 가까이에 다가가서 관찰하고 노는 법을 배웠다. 장수천을 따라 걸으며 다양한 동식물을 보았고, 반딧불이가 살아가는 생태환경을 조성하는데 얼마나 많은 노력이 필요한지 알았다.

소래습지에는 하늘을 올려다보며 날아가는 새를 보았고, 갯벌의 흰발 농게는 나의 시선을 붙잡기에 충분했다. 작은 화분 하나도 두 손에 들고 벌벌 떨었던 내가 자연 속에서 이렇게 즐겁게 놀 수 있다니 너무 놀라웠다. 그동안 몰랐던 나를 만났다. 나는 나를 제대로 알고 있을까?

존이 들려주는 가장 중요한 조언은 바로 '네'라고 대답하는 것이다. "나는 내게 주어진 일들을 흔쾌히 받아들였지. 재미있는 일은 아니었지만 하다 보면 흥미가 생기는 경우가 많았어. '네'라고 말할 때 기회가 온다네."

칼 필레머의 「내가 알고 있는 걸 당신도 알게 된다면」의 한 구절이다. 내가 나를 함부로 한계짓지 말자. 새로운 일 앞에서 '네'라고 대답하고 우선 받아들여 보자. 하다 보면 나처럼 나의 새로운 모습과 만날 수 있다. 하다 보면 더 흥미가 생겨서 더 깊게 배우고 나눌 수 있는 기회가 된다.

5주의 마을 교육활동가 양성과정은 인근의 초등학교와 연결되어 생태치유학교의 심화 과정으로 이어졌다. 덕분에 나는 심화 과정 수업까지 수료하고 마을의 아이들과 함께 자연에서 놀 수 있었다. 내가 놀면서 즐거웠던 경험을 있는 그대로 아이들에게 전할 수 있어 기뻤다. 그리고 그 경험은 또 쌓이고 연결되어 '생태 치유 수업의 실제'라는 교사연수에도 참여했다. 선생님들 앞에서까지 강의를 하게 된 것이다. 꿈에 한 발자국씩 다가서고 있었다.

무엇이든 경험하고 배우자. 내 주변에서 일어나는 일을 받아들이고 나의 경험으로 연결하자. 삶이 나에게 펼쳐주는 것을 받아들여 신나게 체험하자. 그 과정에서 나는 성장하고 그 연결점의 끝에서 나의 또 다른 모습과 만날 수 있다. 경험하는 것을 두려워하지 말자.

색채 심리상담사 과정에 도전하다

나는 또 다른 나의 편견과 마주해보기로 했다. 나는 그림을 못 그린다. 하얀 도화지를 보고 있으면 두려움이 몰려온다. 주제를 가지고 그려내는 일은 공포 그 자체다. 돌이켜 생각해보면 중학교 미술 시간이 떠오른다. 미술 선생님은 너무너무 무서웠다. 왜 그렇게 무섭게 하셨는지 지금도 이유를 잘 모르겠다. 그저 4B 연필을 붙잡고 수없이 많은 선을 그린 기억, 나의 손가락을 들여다보며 그리고 또 그리며 명암을 넣은 기억이 난다. 수채화 도구는 낯설었고, 무겁고 불편한 그리기 도구들을 챙겨야 하는 그 시간이 너무 힘들었다. 그래서였을까? 그 이후로도 미술 시간은 그렇게 평화롭지 않았다.

그런데 아이를 낳고 엄마가 되어서 가장 많이 한 놀이는 그림책 미술놀이였다. 아이는 그림책에 끄적끄적 자신만의 캐릭터를 그리며 놀았다. 그리는 것을 즐기는 아이를 보니 더 재밌게 놀아주고 싶었다. 그래서 검색을 했다. 놀랍게도 인터넷 육아 카페에는 엄마표 미술놀이가 넘쳐났다. 간단한 도구로 놀아줄 수 있는 미술놀이가 소개되어 있어 따라 하면서 아이와 놀았다. 아이도 나도 즐거웠다.

사인펜, 색종이, 클레이, 플레이콘 그리고 오일 파스텔까지 알록달록한 색깔이 내 주변에 가득 찼다. 물론 그림책만 펼쳐도 다양한 색깔을 만날 수 있었다. 미술이 싫다는 고정관념에서 조금씩 벗어나자 다양한 색깔이 눈에 들어왔다. 색채가 주는 느낌들이 편안할 때도 있고, 불편할 때도 있었다. 명확하지 않지만 느낌이 다르다는 것이 신기하고 호기심이 생겼다.

더 알고 싶다는 마음이 현실을 끌어당기게 되었을까? 강원도 춘천에서 독립서점을 운영하고 있는 친구의 홈페이지에서 '색채 심리상담사' 특강 포스터를 보았다. 온라인에서 배울 수 있으니 망설일 필요도 없었다. 내가 참여한 특강은 간단한 워크샵을 통한 색채 심리상담사 자격과정을 소개하는 시간이었다. 아이가 아니라 내가 그리기 도구와 오롯이 만나는 시간이었다. 간단한 색연필과 사인펜만 가지고도 참여할 수 있었다.

나의 꿈을 색으로 표현하면?
친구와 나의 관계를 색으로 표현하면?
일이나 가정에서 기뻤던 때를 색으로 표현하면?
슬펐던 때를 색으로 표현하면?

주어진 제목을 읽고 떠오르는 기억, 느낌을 색으로 표현하는 것이었다. 색깔도 괜찮고, 이미지로 표현해도 괜찮았다. 내 생각이나 느낌을 간단하게 메모하면서 활동을 마무리했다. 그저 떠오르는 대로 편안하게 그렸다. 내 마음대로 표현하고, 내가 선택하는 색깔이 그대로 종이에 옮겨졌다. 잘 그리고 못 그린다는 판단은 필요하지 않았다. 색깔과 만나는 일이 처음으로 재밌다는 생각을 했다. 나는 그 한 번의 특강을 시작으로 6개월 동안 색채 심리상담사 자격과정을 모두 이수했다. 3급과 2급을 거치며 색채와 만나는 것이 더 편안해졌다. 물감, 파스텔, 클레이, 모루에 스티커까지 어떤 것이든 내 마음을 표현하는 도구로 활용할 수 있다는 것을 깨달았다.
처음엔 마을 학교의 다양한 콘텐츠를 개발하기 위해 시작한 경험이었다. 그림책 수업에 활용하면 더 좋을 것이라는 생각으로 시작했다. 하지만 생태치유학교 수업과 색채 심리상담사 과정은 나와 만나는 시간이었다. 내가 부족하다고 생각한 부분, 내가 불편해서 외면하고 있었던 내 안의 경험과 마주했다. 고정관념에서 벗어나면 더 많은 경험을 할 수 있고, 그만큼 더 성장할 수 있다는 것을 알게 되었다.

내가 만들어 놓은 편견에 가리어 절대 들여다보지 않는 부분이 있다면 나처럼 빼꼼히 시작해보자. 누군가 함께 하자는 손길이 있다면 뿌리치지 말고 손가락 하나만 걸치자. 성취하는 시간이 아니라 그저 '경험한다' 생각하고 시작해보면 어떨까? 그 작은 시작이 당신의 큰 꿈을 향해 한 발자국 다가서게 할 것이다.

"내 경험을 자랑스럽고 소중하게 여기는 일은 우리가 할 수 있는 가장 중요한 일이랍니다."「내일의 나를 응원합니다」 리사 콩턴

쓸모없는
경험은 없다

"내가 줌 수업을 하다니. 대단한 것 같아요. 그래도 선생님이 있으니 마음 놓고 수업했어요. 감사해요."

"배우면서 시도하면 되죠. 계속 사용하다 보면 더 익숙해지는 거죠. 이제 줌 호스트도 한 번씩 해볼까요?"

2020년 마을 학교 수업은 모두 줌(ZOOM)으로 진행했다. 내가 줌 링크를 준비하고 단체 대화방에 공유하면 수업을 진행할 선생님을 비롯해 학생들이 입장하는 방식이었다. 아이들은 물론 선생님들도 클릭만 하면 서로 만날 수 있도록 했다. 덕분에 나는 온라인 비대면 수업에 필요한 보조교사의 역할을 확실히 연습할 수 있었다. 수업 중에 발생하는 음향이나 영상문제에 대처하고, 채팅으로 학부모님과의 소통도 가능했다. 1년을 연습하고 나자 진행하고 있는 수업에 지장 없이 문제가 해결되었다. 계속 연습하면서 할 수 있게 된 것이 뿌듯했다. 나도 할 수 있으니 선생님들도 물론 할 수 있는 일이었다. 그래서 제안을 했다.

"소래 리틀 꿈단지(이하 소.리.꿈) 수업은 각 선생님이 줌 호스트가 되어볼까요? 회원가입 절차만 거치면 각 개인 회의실을 가질 수 있으세요. 그런 다음 링크를 공유해서 초대해주시면 됩니다."

소.리.꿈은 꿈단지 선생님 중 소래포구 근처에 사는 선생님들의 자녀들이 모인 학생동아리다. 각 선생님이 순서를 정해서 자녀들에게 '글 놀이' 수업을 진행하고 있었다. 물론 코로나 시국이 시작되면서 대면 수업은 중지했다. 그런데 마을 학교 수업이 줌으로 가능하다는 것을 체험한 나는 소.리.꿈 수업도 비대면으로 도전하자고 제안했다. 약속한 저녁 시간이 되기 전 각자의 방을 만들고 서로를 초대하면서 준비를 마쳤다. 모르는 것은 물어보고, 아는 것은 자세하게 가르쳐주면서 우리는 함께 성장하고 있었다. 메타 인지가 키워졌다.

메타 인지는 학습하는 동안 자신의 성취도를 점검하고 목표 달성에 필요한 과정을 조정하는 인지다. '내가 무엇을 알고 있는가'를 아는 것이다. 리사 손의 「메타 인지 학습법」에서는 메타 인지를 높일 수 있는 방법을 알려주는 실험이 나온다. 실험자는 학생들을 A, B로 나눈 후 집단 모두에게 공통된 하나의 글을 제시했다. 실험자는 A 집단에게는 "일정 시간이 지나면 제시문과 관련된 시험을 볼 것이다"라고 하고, B 집단에게는 "일정 시간이 지나면 제시문을 다른 학생에게 가르쳐야 하니 이를 준비하라"고 말했다.

일정 시간이 지난 후 실험자는 두 집단 모두를 대상으로 시험을 치렀다. 실험에 참가한 두 집단의 학생들은 모두 같은 시간 동안 시험을 준비했고, 같은 내용의 시험을 보게 되었다. 예상한 대로 B 집단의 성적이 훨씬 더 좋았다.

내가 아는 것을 가르치면서 메타 인지는 높아진다. 아니 가르칠 준비를 하면서 이미 점수가 높게 나온다. 학생에서 선생님이 되는 관점의 변화가 생기면서 의미 있는 것을 찾고, 어떻게 연결할 것인지 생각하기 때문이다.

아이들을 가르치고자 시작한 수업이 다양한 경험을 나누면서 선생님들의 메타 인지까지 높이고 있었다. 아이만 성장하는 것이 아니라 엄마들도 매일매일 성장하는 중이었다. 경험하는 모든 것이 나눌 수 있는 소재가 되었고, 하나씩 알아가면서 나오는 깊은 감탄사는 그대로 진심 어린 응원이 되었다.

엄마도 꿈을 이룰 수 있습니다

함께 가자! 민속촌으로

"마을 학교 프로그램명이 '책과 함께하는 창의체험학교'인데 진짜 외부 체험은 없나요?"

답답한 1년이 흐르고 있었다. 어디도 함께 가지 못하는 1년이 채워지고 있는 2020년 11월 무렵이었다. 코로나19 바이러스의 확산이 주춤하고 있었고, 이렇게 잠잠해지다가 종결이 되면 좋겠다고 소원하던 시기였다. 나는 그저 마을 학교 선생님들과 그리고 아이들과 놀러 가고 싶다는 생각만 들었다. 그러다 문득 '지금이 아니면 안 되겠다!'는 생각이 들었고, 외부 체험을 결정했다.

"한국민속촌으로 견학 갈까요?"
"아이들에게 알맞은 놀이동산도 있다는데, 저희도 가고 싶어요."
"지난 수업 시간에 우리 문화에 관련된 책도 읽었는데 딱이네요."
"드디어 마을 학교 현수막을 펼칠 수 있겠어요!"

선생님들과 나는 신속하게 날짜를 정했고, 아이들과 함께 대중교통을 활용해서 이동하는 방법까지 검색했다. 전철 노선도와 버스를 검색하며 아이들은 이미 흥분했다. 너무 오랜만의 외출에 들뜬 모습이었다. 한 편으로는 안전에 대한 걱정이 있었지만 걱정만 하고 앉아 있기엔 시간을 그냥 흘려보내는 것이 너무 아까웠다. 다 함께 체험을 결정했으니 이제 그다음 선택을 고민하기로 했다.

일곱 가족이 한국민속촌 입구에 모였다. 선생님들도 아이들도 모두 상기된 얼굴이었다. 입구에 들어서자마자 아이들은 어디로 갈 것인지 묻기도 전에 놀이동산으로 내달렸다. 일찍 서두른 탓에 사람이 많지 않아서 정말 다행이었다. 소리를 지르며 달려나가는 모습을 뒤에서 볼 수 있어서 너무 감사했다. 놀이동산은 우려와 달리 안전하게 운영되었다. 놀이기구 탑승은 거리 두기 자리를 고려해서 인원조절이 되었고, 한 번의 운행이 끝날 때마다 소독이 이루어졌다. 나의 고민과 걱정은 안도로 바뀌었다.

쉼 없이 뛰어다니는 아이들을 보면서 외부 체험 결정을 잘했다는 생각이 들었다. 즐거워하는 아이들을 바라보며 잠시라도 커피를 마실 수 있는 선생님들을 보니 '멋진 선택이었다' 싶었다. "깔깔깔" 웃으며 행복한 아이들과 여유로운 시간을 즐기는 부모의 모습. 아이와 함께하는 '지금, 이 순간'을 마음껏 누리고 있었다. 내가 바라는 마을 학교의 목표였다.

산다는 게 참 쉽지 않다. 어디로 가야 하는지 어떻게 흘러가는지도 예측할 수 없는 하루하루를 살고 있다. 길을 잃고 헤매다가 주저앉아서 기다리기만 할 수도 있다. 우리는 모두 그 힘든 터널의 한가운데를 통과하고 있다. 아직 끝나지 않은 코로나 시국에서 그저 앉아만 있기엔 나의 하루와 아이들의 오늘이 너무 아깝다.

이 시기는 언젠가 지나간다. 그리고 새로운 길이 열릴 것이다. 그러니 지금 할 수 있는 경험을 시도하자. 다른 사람이 정해주는 경험이 아니라 내가 선택하고 결정한 경험을 하자. 누구도 내 삶을 대신 살아주지 않는다. 이 어두운 터널의 시기를 통과하는 방법도 내가 정할 수 있다. 어떤 경험이든 괜찮다. 도전하고 시작하면서 나는 이미 성장한다. 쓸모없는 경험은 없기 때문이다.

어쩌다 마을 학교
대표 되다

"대표님, 어서 오세요. 여기 서명하시면 됩니다."

남동 마을 학교 간담회가 있는 날이었다. 평생학습관의 강의실에
들어서려는 나에게 '대표님'이라고 부르는 사람이 있었다. 나는 순
간 고개를 돌려 뒤를 돌아보았다. 뒤에는 아무도 없었다. '대표님'
은 나를 부르는 소리였다.

'내가 꿈단지 단체의 대표 자격으로 이 회의에 참석하는 것이구
나!'

누구누구 엄마로 불리던 나였다. 요 몇 년 그림책 수업을 하면서

'선생님'이라 불리며 두근거렸던 나였다. 잃었던 나를 다시 찾은 기분이었기 때문이다. 그런데 그날, 또 새로운 호칭이 하나 더 생겼다. 나는 마을 학교의 대표였다.

참석자 명단에 서명하고 강의실에 들어섰다. 내 뒤로 꿈단지 선생님들이 함께 들어오는 기분이었다. 내가 간담회에서 말하는 것은 그대로 꿈단지의 의견이 되었다. 어쩌다 시작된 마을 학교 대표의 길은 나의 자존감을 더 높여주었다.

자존감은 자아존중감을 간단히 부르는 말이다. 이 용어는 미국의 의사이자 철학자인 윌리엄 제임스가 1890년대에 처음 사용하였다. 자아존중감이란 자신이 사랑받을 만한 가치가 있는 소중한 존재이고 어떤 성과를 이루어낼 만한 유능한 사람이라고 믿는 마음이다. 자존감은 객관적이고 중립적인 판단이 아니라 주관적인 느낌이다. 자존감은 어린 시절 그 기틀을 마련한다. 일반적으로 유아기에 가장 높은 편이다. 그러나 이후 다양한 경험을 하면서 자신을 평가하게 되고, 자신의 자존감도 조정할 수 있게 된다. 삶에서의 다양한 경험이 자존감에 큰 영향을 주는 것이다.

마을 학교 대표 활동은 내 삶에 큰 경험이었다. 간담회에 참석한 날에는 더더욱 그랬다. 회의에서는 지난 마을 학교의 수업 활동을 되돌아보고, 깨달은 점을 나누었다. 다른 마을 학교의 활동을 들으면서 다음에 진행될 수업에 참고할 수도 있었다. 더 좋은 점은 함께 이야기를 나누다 보면 새로운 아이디어가 떠오르는 것이었다.

혼자 끙끙거리며 고민하던 것이 회의를 통해 이야기 나누면서 한 순간에 해결되기도 했다.

그렇게 회의를 마치고 나면 모두가 서로에게 칭찬과 격려의 박수를 보냈다. 외부의 누군가가 아니라 각자의 자리에서 자신이 판단하는 유능한 사람이 되었다. 당연히 자아존중감은 더 높아졌다. 또 다른 꿈을 향해 도전할 수 있는 힘이 생겼다.

고민은 그만,
지금 할 수 있는 일을 하자

"안녕하세요? 대표님, 남동평생학습관 동아리 담당 ○○○입니다."

"예, 안녕하세요."

"다음 달 12월에 남동평생학습관 '동아리 데이' 행사가 있어요. 꿈단지 대표님께 동아리 사례발표를 요청하려고요. 가능하실까요?"

"사례발표요?"

2021년을 한 달 남긴 11월 중순의 일이었다. '동아리 데이'는 동아리 활동을 시작하는 분들에게 경험을 나누는 자리였다. 또, 동아리 활동을 더 유익하게 지속하고 싶은 분들에게 응원과 격려를 보낼 수 있는 자리라고 말씀하셨다. '내가 할 수 있을까? 나의 경험이 도움이 될까?' 담당 선생님과 통화를 하면서 내 안에서는 이런저런 질문이 솟아오르고 가라앉았다. 나는 꿈단지 선생님들과 이야기 나누고 연락드리겠다고 말씀드리고 전화를 끊었다.

"평생학습관에서 동아리 사례발표 문의가 왔어요."
"어머, 그런 행사도 있어요? 그런데 그날 저는 참석이 어려워요. 어쩌죠..."
"저도 강의가 있는 날이라 고민이 되네요. 간단히 15분 정도로 준비하면 된다고 하시는데 가능하신 분 있으세요?"
"이런, 대표님이 일정이 있으시면 힘들겠어요."

너무 갑작스러운 제의였다. 일정 준비 기간도 짧고, 사례발표 당일 나의 그림책 강의도 있었다. 그런데 선생님들과 이야기를 나누면서 더 참여하고 싶다는 생각이 들었다. 내 마음에 차오르는 생각을 놓치고 싶지 않았다. 결단을 내려야 했다. 선생님들과 회의를 하면서 나는 벌써 일정을 조정하고 있었다. 하고 싶은 일은 가능하게 하려면 걱정을 그만두고 즉시 행동해야 한다.

"행동의 결과에 연연하지 말고 행동 자체에 주의를 기울이세요.

결과는 저절로 따라오는 것입니다."

「에크하르크 톨레의 이 순간의 나」의 한 문장이다. 나는 지금 할 수 있는 일을 시작했다. 이미 수업이 정해진 학교 담당자 선생님과 통화 후 일정을 조정했다. 다행히 조정할 수 있는 여력이 있었다. 감사했다. 그리고 곧이어 평생 교육사 선생님께 연락을 드렸다. '이번 동아리 데이에 참석할 수 있다'는 내용을 전달했다. 담당 선생님은 정말 감사하다며 기뻐하셨다. 발표자로 참석하는 동아리가 너무 적어서 걱정하고 있었다며 감사하다는 말씀을 반복하셨다. 서로에게 필요한 사람이 될 수 있다는 것이 기뻤다. 나는 선생님께 참석에 필요한 준비사항을 전달받고 곧장 꿈단지 선생님들께 공지했다. 이곳저곳으로 전화하며 손과 입이 바빴지만, 가슴이 두근거리는 일을 하고 있으니 그것만으로도 엉덩이가 들썩였다.

"꿈단지는 이번 동아리 데이 사례발표에 참석합니다. 일정 조정 완료했어요."

"우와! 일정이 조정되었군요. 다행입니다. 무엇을 준비하면 되나요?"

"지난 3년간의 동아리 역사를 사진과 영상 자료로 준비해야 해요. 사진은 제가 가지고 있으니 PPT를 만들게요. 영상편집 가능하신 분?"

"영상편집은 제가 아이들과 함께할게요. 아이들이 더 잘할 수도 있어요."

내 노트북 이곳저곳에 저장되었던 사진은 발표자료가 되었다. 마을 만들기와 마을 학교 사업에 참여하면서 처음 작성했던 공모신청서도 캡처해서 준비했다. 동아리의 시작이었던 진로독서지도사 과정, 동아리에서 함께 놀았던 추억 그리고 마을의 아이들과 함께했던 수업은 영상 자료로 재탄생했다. 여럿이 모여서 하나를 완성해가는 기분이 으쓱했다. 혼자서는 힘들지만 함께하면 각자의 강점을 바탕으로 신나게 참여할 수 있었다. 좋아하는 것을 신나게 하는 엄마의 모습은 아이들에게 어떻게 보일까?

동아리 데이 사례발표는 성공적이었다. 대면으로 준비하던 과정에 코로나 상황이 나빠져 긴급하게 비대면으로 전환되었다. 게다가 우리 차례는 가장 마지막이라 긴 시간 참여하신 분들이 집중력이 떨어지는 시간이었다. 하지만 급변하는 상황에 지금 할 수 있는 일만을 상기하며 끝까지 포기하지 않았다. 나의 경험을 나누는 일은 그 자체로 나눔이 되었다. 뭉클했다. 그리고 함께 뿌듯했다.

어쩌다 마을 학교 대표가 되었다. '대표님'이라는 호칭도 낯설고 어색했다. 하지만 대표였기에 참석할 수 있는 회의에서 나는 또 새로운 경험을 했고 성장했다. 대표였기에 내가 하고 싶은 일에 적극적으로 참여하면서 함께하는 선생님들을 격려할 수 있었다. 꿈을 향해 걸어가면서 함께 성장하는 길을 열 수 있었다. 엄마가 꿈을 향해 걸어가며 행복해하는 모습은 그대로 아이들에게 좋은 본보기가 되었다.

내가 하고 싶은 일 앞에서 주저하지 말자. 걱정하느라 시간을 보내는 그 순간, 멈춰서 지금 할 수 있는 일을 떠올리자. 피하지 않으면 시작할 수 있다. 내 안의 힘을 믿자. 꿈을 향해 걸어가는 세상의 모든 엄마에게 응원을 보낸다.

마을 학교 대표는
뭐 하는 사람인가요?

"이번엔 이렇게 시작해보기로 하죠!"

　시작하기 전에는 몰랐다. 관에서 이루어지는 공모사업이 이렇게 다양하고 많은지 전혀 몰랐다. 구청의 블로그 기자단 활동으로 기관의 SNS와 연결한 것이 정보의 시작이었다. 기자단의 활동에 대해 공지 받으며 담당자가 하라는 대로 '친구 맺기'를 해 둔 것이 우연이 아니었다. 내게 필요한 일들은 내 앞에 자연스럽게 펼쳐진다. 그 기회를 내가 잡을 것인지 아니면 흘려보낼 것인지는 오롯이 내 몫이다.

　2019년 마을 만들기에 참여하면서 나는 대표가 되었다. 정보를 얻고 동아리 선생님들께 연결했다. 의견을 나누었고, 함께 결정했다. 그 결정의 시간을 길게 가지지는 않았다. '내가 하고 싶은가?'를 먼저 생각했다. 선생님들과 함께 해내고 싶은지 내 마음을 먼저 들여다보았다. 주어진 서류를 읽을수록 흥미가 생기고 가슴이 두근거리며 머릿속에 그림이 그려지기 시작하면 하고 싶은 것으로 판단했다. 그리고 이미 이뤄낸 우리의 모습을 선생님들께 전달했다.

"이렇게 쉽게 결정해도 되는 거예요?"
"처음 하는 것인데 더 알아봐야 하지 않을까요?"
"서류작성은 해보셨어요?"
"준비하려면 시간이 좀 필요하겠지요?"

걱정이 먼저 솟아오른다. 처음 하는 것이니 당연했다. 어떤 것이든 처음이 가장 두렵다. 제자리를 지키려는 자전거를 움직이려면 처음 페달을 밟을 때 가장 많은 힘이 들어가는 것처럼 말이다. 하지만 혼자가 아니었다. 각자의 역량을 모으면 해낼 수 있으리라는 믿음이 있었기에 나는 늘 함께 시작해보자고 응원한다. 그리고 걱정을 멈추고 다음 할 일을 곧장 시작한다.

그렇게 선생님들과 하기 전에 내가 먼저 경험한다. 복잡하고 낯선 공모신청서도 내가 먼저 작성해보고, 수업에 필요한 계획서와 수업자료도 내가 먼저 시작한다. 그림책 활동가로 경험했던 수업의 경험도 미리 떠올려둔다. 그러면 불편하고 힘든 일들도 미리 예측할 수 있다.

"사람과 사람이 얽히는 이상, 어떤 일이든 즐거운 순간만 있을 수는 없으며 괴롭고 힘든 순간이 더 많을 때도 있습니다. 이때, 발생가능한 위험이나 부정적 상황을 한 걸음 앞서 예측해 두는 것보다 지혜로운 대처는 없습니다."

노예이지만 자유인이고 철학 하는 사람이었던 에픽테토스의 「인생 수업」 속 한 구절이다. 내가 먼저 시도하면서 불편한 일들을 예측해 두면 준비할 수 있다. 그리고 준비해야 할 일은 간단하고 명료하게 전달한다. 그렇게 함께 준비하면 예측한 불쾌한 일이 눈앞에 벌어지더라도 당황하지 않고 해결할 수 있다. 또 하나의 경험이 쌓인다. 우리는 함께 지혜로운 사람이 된다.

마음을 다해 격려하는 사람이다

마을 학교는 대표는 자리를 지키고 격려하는 사람이다. 마을 학교에서는 다양한 그림책 수업이 진행되었다. 선생님들은 모두 마을 학교의 활동가가 되어 아이들 앞에 섰다. 아이들 앞에서 강의하는 것은 내 아이와 거실에서 그림책을 읽어주는 것과는 달랐다. 우선 인원이 훨씬 더 많아졌고, 주어진 시간도 정해져 있었다. 연령도 다양하고 아이들의 성향도 모두 달랐다. 그러니 평상시에 강의하고 있지 않다면 상상만 해도 식은땀이 흐르는 일이다. 꿈단지 선생님들도 마찬가지였다. 강의를 하고 계신 분들도 있지만, 마을 학교 수업을 통해 경험을 쌓고 계신 분들도 분명히 있었다. 그러니 혼자서는 힘들었다.

나는 마을 학교 그림책 수업에 모두 참여했다. 항상 내가 첫 회기 수업을 진행했고, 수업계획안의 내용을 실제로 아이들에게 진행하는 것을 선생님들께 보여드렸다. 그리고 그다음 시간부터는 보조교사로 수업에 참여했다. 강의를 진행하시는 선생님께 응원을 보냈고, 갑작스러운 돌발상황에서 함께 문제를 해결했다. 물 흐르듯 자연스럽게 수업이 흘러갈 수 있도록 제 자리를 지켰다.

내일을 준비하는 사람이다

마을 학교 대표는 오늘의 수업을 진행하며 내일을 준비하는 사람이다. 꿈단지가 처음 마을 학교 사업에 참여했을 때에는 단 11개의 마을 학교가 공모사업에 선정되어 마을 학교 수업을 진행했다. 하지만 시간이 흐를수록 혁신지구의 사업은 더 정교화되고 조금씩 더 알려졌다. 학교의 학부모회 활동, 마을 학습 공동체 그리고 주민자치의 활동의 한 물결이 점점 더 크게 출렁이는 것을 느꼈다.

"대표님, ○○ 도서관에서 마을 연계 과정을 모집하고 있어요. 꿈
단지 프로그램을 보내면 어떨까요? 작년부터 지금까지 하고 계신
수업을 양식에 맞춰 작성해주시면 전달하겠습니다."
"예, 연락 주셔서 감사합니다. 준비할게요. 주무관님."

평생학습관의 주무관님이셨다. 전달해주신 내용을 듣고 너무 반
가워서 두 번도 망설이지 않고 바로 준비하겠다고 대답했다. 수업
을 거듭하면서 역량이 쌓이고 있는 선생님들에게 더 많은 기회를
드리고 싶었다. 그 연결점에서 내가 할 수 있는 일이 있다는 것에
감사했다. 마을 학교 사업 내의 그림책 수업을 준비하면서 내년에
진행될 ○○도서관 마을 연계 과정 사업에 참여할 수업 내용을 정
리했다. 지금 하고 있는 그림책 수업을 간단명료하게 작성하면 되
는 것이었다. 경험했던 것을 바탕으로 또 다른 마을의 아이들에게
기쁘게 나눌 수 있는 있으리라는 생각에 콧노래까지 나왔다.
내가 특별한 능력이 있어서 할 수 있는 일이 아니다. 아이를 키
우는 엄마라면 이미 가지고 있는 능력이다. 엄마는 아이의 아침 식
사를 준비하며, 가정통신문을 정독할 수 있다. 엄마는 오늘 아이의
하교 후 일정을 확인하면서 이번 주말의 가족 일정을 적어둘 수 있
다. 아이를 내 품에 안아 든 순간, 끝없이 울어대던 아이의 욕구를

찾아내기 위해 고군분투했던 엄마라면 이미 훈련되고 갖춘 능력인 것이다. 지금 고개를 끄덕이고 있다면 여러분은 이미 대표의 자격이 있다. 지금 꿈꾸고 있는 그 일을 시작하기만 하면 된다. 시작하면 할 수 있다.

꿈꾸는 엄마는 걱정을 멈추고 삶이 내게 펼쳐준 일에 도전하는 사람이다. 함께 하는 사람들 곁에서 묵묵히 응원과 격려를 보내는 사람이다. 그리고 오늘을 행복하며 살면서 동시에 내일을 준비하는 사람이다. 엄마니까 할 수 있다. 엄마라서 더 쉽다. 이미 가지고 있는 능력을 꺼내서 사용하기만 하면 된다.

그림책 「걱정 많은 아기곰」의 아기곰처럼 걱정이 꼬리에 꼬리를 물고 떠오른다면 지금 이 글을 쓰고 있는 나에게 걱정을 말해 보자. 여러분의 엄마 곰이 되어 손을 꼭 잡고 걱정을 하나하나 들을 준비가 되어 있다. 그러면 아기곰의 걱정이 줄어든 것처럼 여러분의 고민도 점점 작아질 것이다. 세상의 모든 엄마가 꿈을 꾸고 멋있게 성장하는 그 길에 내가 동행할 수 있기를 두 손 모아 소원한다.

선한 연결의 힘_
카카오톡 채팅방
활용기

강사님을 찾습니다

"현주 선생님은 카카오톡 친구가 도대체 몇 명이에요?"
"1,000명 정도 되네요. 우와! 생각보다 많네요."

나는 마을 학교 대표가 되고 나서 새로운 사람을 만나면 연락처
를 받아두는 습관이 생겼다. 특히 강의를 듣고 난 후에는 꼭 강사
님의 연락처를 따로 받아두곤 했다. 마을 학교 공모사업 예산에는
반드시 마을 학교 선생님들의 역량 강화를 위한 예산이 있다는 것
을 알고 난 후였다.
　처음 공모사업의 예산을 작성하고 우리가 배우고 싶은 과정의

강사님을 찾으려니 너무 막막했다. 평생학습 기관에 문의를 해도 알고 계신 분야가 한정적이었다. 그러니 결국 내가 지인의 지인까지 문의해서 찾았다. 시간이 걸리는 일이었다. 경험을 통해 배운 나는 미리 준비하기 시작했다. 강의를 듣거나 회의에 참석하면서 새로운 분야에 대한 호기심이 생기면 우선 인사를 나누고 연락처부터 받아두었다.

인천 만수 초등학교의 백○○ 선생님 강의도 그렇게 이루어졌다. 평생학습관의 '민주 시민학교'의 강의를 듣고, 동아리 선생님들께 소개했더니 매우 궁금해하셨다. 강사 섭외가 필요한 시점이었다. 나는 얼른 선생님께 연락을 드렸고, 일정을 조정하는 과정을 거쳐 동아리 선생님들과 함께 다시 한번 좋은 강의를 들었다. 연락처를 미리 받아둔 덕분에 시간이 훨씬 절약되었다.

생일 축하드리며 안부 인사하기

카카오톡은 오랜만의 안부 인사도 자연스럽게 연결해 주는 힘이 있다. 친구의 생일이 자연스럽게 노출되기 때문이다. 본인의 설정에 따라 다르지만, 대부분은 생일을 공개해둔다. 덕분에 친구로 연결된 사람들은 생일 날짜가 되면 친구목록 제일 위에 발견할 수 있다. 나는 그것을 보면 즉시 안부 인사를 보냈다.

"선생님, 안녕하셨어요? 오늘 생일이시네요. 축하드려요! 행복한 시간 만드세요!"

"어머, 현주 선생님, 오랜만에 인사하네요. 생일 축하해주셔서 감사해요. 요즘은 어떻게 지내세요?"

"강의도 하고, 마을 학교 사업도 하면서 지내지요. 선생님은요?"

"아, 마을 학교 사업에 참여하고 계세요? 그럼 제가 한 번 방문드려도 될까요?"

안부 인사를 나누다가 내가 마을 학교 사업에 참여하고 있다는 것을 알게 된 선생님은 평생 교육사 과정을 공부하고 계셨다. 우리 마을의 동아리를 조사하고 현황을 파악하는 과제를 안고 고민 중이셨는데 나와 연락이 닿아서 너무 감사하다며 기뻐하셨다. 나는 동아리 선생님들께 상황을 이야기하고 양해를 구했다. 새로운 사람이 수업에 참관한다는 사실은 선생님들께 긴장의 요소가 될 수 있기 때문이다. 다행히 선생님들은 이해해주셨고, 약속한 날 예비 평생 교육사 선생님은 마을 학교 수업을 참관하셨다.

"선생님들의 열정으로 마을의 아이들이 참 행복하네요. 정말 대단하세요. 제가 방문할 수 있게 해주셔서 정말 감사해요."

수업 중간에 조용히 퇴장하셨던 선생님은 그날 저녁, 내게 감사

인사를 전하셨다. 지금 내가 나눌 수 있는 것이 있어서 기뻤다. 이 선한 연결은 다시 우리에게 돌아왔다. 선생님은 평생 교육사가 되셨고, 기관의 프로그램 구성 시에 꿈단지를 소개하고 강의를 마련해주셨다. 카카오톡으로 보낸 안부 인사 한번이 또 새로운 인연을 연결해 준 것이다.

"사람들에게 은혜와 의리를 두루두루 베풀며 살아라. 사람이 살다 보면 어느 곳에서든 서로 만나기 마련이다. 사람들과 원수지간이 되지 말아라. 좁은 길에서 서로 만나면 피해가기 어렵다."

명심보감의 첫째 편 '착하게 살아라'의 「경행록」구절이다. 오늘 내가 만나는 사람들에게 선한 마음을 전한다. 어느 곳에서든 다시 만날 수 있기 때문이다. 서로에게 힘이 되는 일은 나누다 보면 함께 성장하는 기쁨을 맛보게 된다. 꼭 지금 내 곁에 있는 사람들뿐만 아니라 나를 스치는 인연들과도 그 순간 최선을 다하자. 세상을 향해 나누는 사랑으로 내가 가장 많이 포근해진다. 꿈을 향해 도전하는 엄마들을 응원하는 멋진 사람이 된다.

부모님과 실시간 소통하기

마을 학교 사업을 하면서 카카오 단체 대화방을 통해 수업 공지를 하고 생생한 후기를 들을 수 있었다. 1년에 최대 3기까지 운영하는 마을 학교 수업은 매번 다른 학생들의 신청을 받아 진행했다. 수업 신청이 마감되고 나면 참여하는 학생들의 부모님과 함께 단체 대화방을 개설했다. 코로나 시국의 비대면 수업을 위해서는 수업 시작 전에 공지해야 하는 일들이 더 많기 때문에 단체 대화방 개설은 필수였다.

대화방이 개설되고 나면 첫째, 마을 학교 수업에 관한 간단한 부모교육을 했다. 단지 프로그램에 참여하는 학생의 부모가 아니라 마을의 사업에 적극적으로 참여하는 공동체의 일원이 되어달라고 말씀드린다. 마을 학교 수업은 수업비를 내고 교육의 서비스만 제공받는 학원이 아니기 때문이다.

둘째, 준비물을 미리 받을 수 있도록 공지한다. 8회기 수업의 준비물을 미리 전달하면서 부모님과 잠깐 대면할 수 있는 기회가 된다. 짧은 시간이지만 대면으로 인사를 나누면서 함께 아이를 키우는 엄마의 마음으로 서로에게 감사 인사를 나눌 수 있어 기쁘다.

셋째, 수업 공지와 수업 소감을 나누는 곳으로 활용한다. 아이들은 바쁘다. 그 아이들을 챙기는 엄마들은 더 바쁘다. 매주 같은 시간에 수업을 진행하지만, 수업 공지는 매주 빠짐없이 했다. '아차!' 하면 수업을 놓칠 수 있기 때문이다. 그리고 수업에 참여하면서 과정을 즐기는 아이의 모습도 사진 찍어서 올려달라고 전달한다. 결

229

과물보다는 과정에서 엄마와 아이가 즐거움을 나누는 모습이 더 좋았기 때문이다. 밝은 아이의 웃음은 엄마와 수업을 진행하는 선생님들에게 기쁨이 되었다.

「우산이 제일 좋아」(제니퍼 로이드 지음, 애슐리 스파이어스 그림, 노란 우산) 그림책에는 우산을 너무 좋아하는 아이 엘라가 있다. 엘라는 갖가지 색깔의 우산을 갖고 있다. 모양도 펴는 방법도 다양한 우산은 집안 곳곳에 쌓였다. 엘라의 엄마는 엘라에게 많은 우산을 "나누어 주라"는 조언을 한다. 엄마의 이야기를 들은 엘라는 가장 좋아하는 하늘색 우산은 자신이 쓰고 남은 우산은 모두 수레에 담아 거리로 나간다. 갑작스러운 비에 '공짜 우산'이라고 쓴 표지판은 지워졌지만, 엘라는 우산이 꼭 필요한 사람들에게 우산을 건넨다.

가장 좋아하던 하늘색 우산까지 우편배달부 아저씨에게 전달한 엘라는 행복하게 집으로 돌아온다. 엘라의 집 앞에는 이모가 건네는 길고 날씬한 상자가 있었다. 상자 안에는 '초록색 우산'이 들어 있었다. 지금까지 본 것 중에 가장 멋진 우산이었다.

우리도 엘라처럼 세상에 나눌 것이 있다. 내가 가장 많이 가지고 있는 것은 무엇일까? 카카오톡으로 연결된 사람들, 다른 사람들이 "어떻게 그렇게 하는 거예요?"라고 묻는 재능, 좋은 책을 읽고 기록하는 습관 등등. 나에게 너무 일상이라서 평범한 것들이 다른 사람에게는 특별한 것이 될 수 있다. 내 안에 있는 것을 발견하고 그 가치를 세상에 나누다 보면 서로가 함께 성장하는 힘이 된다.

내가 먼저 선한 연결의 힘을 실천하자. 좋은 경험을 나누면서 꿈꾸는 엄마들을 응원하자. 그와 동시에 나의 꿈도 격려받는다. 오히려 더 귀한 것을 더 많이 받는 경험도 따라온다. 꿈꾸는 엄마들의 선한 연결 그 한 가운데 당신이 행복하게 웃고 있는 모습을 생생하게 그려보면 어떨까?

마을 학교의
성장

엄마도 꿈을 이룰 수 있습니다

"이번엔 포기해야겠어요. 저 혼자서만 너무 성급했네요."

"어머! 무슨 말씀이세요, 대표님? 계획서만 수정하면 되는데... 무슨 일 있으세요?"

마을 기반 교육협동조합 설립지원 사업포기서를 작성하고 있었다. 그 와중에 담당 주무관님과 통화를 하게 된 것이다. 주무관님은 깜짝 놀라시며 함께하자고 거듭 설득하셨다.

"꿈단지 계획서가 교육협동조합 설립지원사업의 목적과 가장 알맞은 상태였어요. 조금만 수정하고 참여하시면 되는데 왜 그러세요? 그리고 포기 이력이 남는 건 별로 좋지 않아요. 내년에도 계속 남동구에서 공모사업 참여하실 거잖아요. 제가 심사관이라면 사업 포기서에 동의한 단체에 기회를 주고 싶지 않을 것 같아요."

나는 그만둬야겠다는 생각을 하며 서류를 채우고 있다가 멈췄다. 그렇게 통화를 마치고 한참 동안 노트북에 깜빡거리는 커서만 바라보고 있었다. '아, 포기 이력이 그렇게 작용할 수도 있겠구나. 꾸준히 쌓아 온 이력에 나쁜 영향을 줄 수도 있구나!' 난 동아리 선생님들과 다시 이야기를 해봐야겠다는 생각을 했다. 내 마음을 전달하고 싶었다. 그리고 내가 알게 된 사실도 전해야 한다고 생각했다.

2021년 남동 마을 학교 사업과 함께 도전한 사업은 '마을 기반 교육협동조합 설립지원 공모사업'이었다. 교육협동조합은 '초·중등교육법 제 2조에 따른 학교 또는 마을을 기반으로 하여 공통의 경제, 사회, 문화, 교육적 필요와 욕구를 충족시키고자 학생, 학부모, 교직원, 지역주민 등이 자발적으로 설립한 협동조합 기본법 상의 협동조합'을 말한다.

교육협동조합은 단순히 5명 이상의 설립자가 있으면 신청할 수 있지만, 그 절차가 복잡하고 어려웠다. 그리고 설립보다 유지하고 꾸준히 성장하려면 준비해야 하는 것이 많았다. 그래서 인천시 교육청의 마을 교육지원단에서는 교육협동조합의 설립을 지원하는 사업을 진행한 것이다. 설립에 앞서 미리 공부하고, 단체의 필요에 알맞은 사업형태를 고민하는 시간을 지원하기 위한 사업이었다.

마을 학교의 경력이 쌓이면서 형태를 갖추고 싶다는 욕심이 있었다. 규모와 형식을 갖춘 단체에게 더 많은 기회가 찾아올 것이라는 생각이 들었기 때문이다. 인원도 이미 충족된 상태였고, 이제까지 그러한 것처럼 조금만 더 들여다보고 고민하면 할 수 있을 것이라 여겼다. 그래서 설립지원 사업의 신청서부터 얼른 작성하고 제출했다. 그리고 선정되었다. 하지만 모든 사업은 혼자 하는 것이 아니었다. 그리고 이미 진행하고 있는 마을 학교 사업이 마무리 단계여서 정리해야 할 일들도 있었다. 그래서 섣불리 판단한 것을 반성하며 사업포기서를 작성하고 있었다.

"선택의 길 앞에 서 있네요. 어떻게 하면 좋을까요? 우선 가벼운 마음으로 공부부터 해볼까요? 정말 모르는 분야니까요."

"그러게요. 사업포기서보다 지금 상황에서 진짜 적용할 수 있는 계획서를 다시 작성해봐야겠어요. 이번엔 현주 선생님 말처럼 공부하는 마음으로 시작해봐요."

선생님들과 이야기를 나누며 무거웠던 마음이 한결 가벼워졌다. 포기하는 것이 아니라 지금 할 수 있는 방향으로 해결책을 찾아가는 우리의 모습이 대견하기도 했다. 결정한 후에는 더 이상 머뭇거리지 않았다. 사업포기서는 모두 지워버리고 계획서를 펼쳤다.

나의 꿈은 내가 정한다

"나도 지나치게 사랑하거나 지나치게 미워하는 주인에게는 화가 나겠지. 매사에 중용이 더 나은 법이니까. 머물고 싶어 하는 손님을 서둘러 보내는 것이나 서둘러 가려는 사람을 붙드는 것이나 똑같이 잘못이지. 오는 손님은 환대하고 떠나고 싶어 하는 손님은 보내주어야지."

호메로스가 지은 「오디세이아」의 한 구절이다. 지나친 것은 부족한 것만 못하다. 지나치게 욕심을 부렸던 마음을 내려놓으면 나에게 알맞은 것이 보이기 시작한다. 꿈을 찾고 키워나가는 과정도 나에게 알맞아야 한다. 자신에게 적당한 것은 자신만 알 수 있다. 계속 자신에게 질문하고 답을 찾아가자. 처음부터 쉽지는 않다. 하지만 멈추어 고민하고 생각하는 시간에 이미 성장하고 있다. 나에게 알맞은 것이 내 앞에 자연스럽게 펼쳐진다.

마을 기반 교육협동조합 설립지원 사업은 성공적으로 마무리되었다. 교육청 마을 교육지원단에서 제공받은 강사님들의 연락처를 가지고 강의를 의뢰했다. 강의 의뢰에 응답해주신 10명의 강사님과 함께 2021년 9월부터 11월까지 매주 1회씩 10주를 만났다. 비대면 줌을 활용하여 질 높은 강의를 집에서 편안하게 들었다. 소수의 인원으로 참여하는 강의는 실제적인 사례와 더불어 질문과 소통으로 채워졌다.

10주의 강의를 통해 사회적 경제의 개념을 처음으로 알았다. 협동조합의 역사와 학교협동조합의 사례도 만났다. 사회적 협동조합의 성장에서 고민을 나누시는 선배님의 모습은 그대로 예습이 되었다. 다양한 교육 프로그램으로 마을의 아이들을 가르치며 마을에서 학교로 그리고 다른 지역까지 강의 영역을 넓혀가시는 모습도 인상적이었다. 하지만 열 분의 강사님이 모두 똑같이 언급하신 말씀은 이것이었다.

"너무 서두르지 마세요. 교육협동조합의 시작보다 유지할 수 있는 힘을 기르세요."

강의를 듣기 전에는 몰랐다. 그저 5명 이상의 사람만 있으면 협동조합은 시작할 수 있는 것이라 여겼다. 그 무지함을 깨닫는 10주의 시간이었다. 그리고 3년을 꽉 채워 만난 꿈단지 선생님들이 서로에 대해 잘 알지 못하다는 것을 알게 되었다. 이것을 깨달은 것만으로도 성공이었다. 이렇게 경험이 또 하나 생겼다.

"인생에는
컨트롤할 수 없는 것과
컨트롤할 수 있는 것이 있다.

컨트롤할 수 없는 것이 내 삶을 방해한다 해도,

컨트롤할 수 있는 것들로

충분히 우리는 우리 삶을 원하는 방향으로 움직일 수 있다."

김은주 작가의 「나라는 식물을 키워보기로 했다」의 한 장면이다. 그림 속 주인공은 길게 자란 식물이 있는 화분을 들고 있다. 식물이 길게 자라는 것은 자신이 컨트롤할 수 없지만, 화분의 위치는 마음대로 할 수 있다는 것을 보여준다. 내가 컨트롤할 수 있는 것에 집중하면서 내 삶을 원하는 방향으로 움직이면 된다.

내가 참여하고 있는 마을 학교는 오늘도 성장 중이다. 새로운 것을 배우면서 또 다른 꿈을 꾼다. 함께 꿈꾸는 일은 각자의 속도를 맞춰가는 시간이 필요하다는 것도 깨닫고 있다. 이 책을 읽고 있는 당신, 꿈꾸는 엄마는 매일 성장하는 중이다. 하지만 그 방향과 속도가 다 다르다. 그 누구도 기준이 될 수 없다. 기준은 바로 내 안에 있기 때문이다. 할 수 없는 이유가 아니라 해낼 수 있는 방법을 찾자. 그리고 나에게 알맞게 실천하면 된다. 오늘도 당신은 꿈을 향해 한 발자국 다가서고 있다.

"나에게 알맞게 꿈꾸고 성장하자. 다 괜찮다."

오늘은 우리 엄마가
마을 학교 선생님

"요즘 우리 아이들이 좋아하는 건 뭘까요?"
"우리 집 아들들은 배드민턴에 푹 빠져 있어요."
"늘 놀이동산에 언제 갈 것인지 묻죠. 어제도 다녀왔답니다."
"조용해서 들여다보면 꼬물꼬물 뭘 만들고 그리고 있어요."

마을 학교 수업을 위한 회의에서 선생님들과 나누는 대화다. 아이들이 좋아하는 것에 대해 이야기 나누다 보면 정말 각양각색이라는 생각이 든다. 하나하나 너무 달라서 예쁘고 신기하다. 그런 아이들이 함께 성장하는 모습을 볼 수 있어서 한없이 기쁘다.

마을 학교 수업은 계획 단계에서부터 아이들의 관심을 먼저 관찰한다. 무엇을 좋아하는지, 요즘은 특히 무엇에 관심을 보이는지 그리고 뭘 하면서 놀면 콧노래를 부르는지 관찰한다. 그리고 그 내용을 가지고 수업에 반영한다. 좋아하는 것은 계속하게 되고 계속하면 잘하게 된다. 하나를 잘하면 자신감이 생겨서 다른 것도 잘하게 된다. 세계적인 교육학자 하워드 가드너의 다중지능 이론에 따르면 아이의 강점지능을 활용하면 약점지능도 편안하고 즐겁게 보완된다고 했다.

2021년 꿈단지 마을 학교는 마을의 다함께 돌봄센터(초등 방과 후 돌봄기관)에서 '다중지능 그림책 교실' 수업을 진행했다. 다양한 관심을 가진 아이들이 여덟 가지의 다중지능을 골고루 자극받고 마음껏 발달시키면 좋겠다는 생각을 담은 수업이었다.

보통은 돌봄센터의 교실에서 수업을 진행했지만, 그날은 진행 중인 실내 공사가 수업 시간까지 끝나지 않았다. 나는 선생님들과 함께 잠시 고민하다가 얼른 수업 장소를 아파트 놀이터의 정자로 바꿨다. 갑작스럽게 야외 수업이 된 것이다. 아이들은 신이 나서 밖으로 뛰어나갔다. 동시에 선생님들은 수업자료를 옮기느라 정신이 없었다. 그래도 금세 아이들은 놀이터 정자에 모여 앉았고 그림책에 집중했다. 그날의 그림책은 「소리 괴물」(위정현 글, 이범재 그림, 계수나무)이었다.

「소리 괴물」은 나의 첫 책 「내 아이 잠재력을 깨우는 하루 한 권 그림책 놀이」(따스한 이야기 출판)에서 둘째가 좋아하는 그림책이라고 소개한 적이 있다. 그 그림책은 아이가 어릴 때부터 읽으면서 크고 작은 소리 괴물을 만들어 붙여 두었다. 가현이는 어린 시절의 흔적이 남아 있는 자신의 그림책을 마을의 친구들과 함께 읽게 되어서 더 으쓱했다. 게다가 소리 괴물 북아트 활동으로 그리고 오리고 만드는 수업에 즐겁게 집중했다. 원래부터 좋아하는 활동을 마을 친구들과 함께하면서 서로 배우고 나누었다. 아이들은 서로가 서로에게 선생님이자 학생이 되었다. 서로에게 경청하며 하나하나 만들어나가는 모습이 「소리 괴물」 속 주제와 자연스럽게 연결되었다.

"가현 작가님, 소리 괴물 그림책이 마음에 드셨나요?"
"엄마 선생님이 그림책 읽어주실 실 때 내가 만든 소리 괴물 보고 너무 웃겼어요"
"그랬군요. 오늘 작가님이 만든 소리 괴물 책은 어땠나요?"
"오늘 만든 것이 훨씬 마음에 들죠. 친구들이랑 같이 해서 더 재밌었어요."

마을 학교 그림책 수업을 하는 날, 아이의 손을 잡고 집으로 돌아오는 길은 아이의 재잘거림으로 가득 찼다. 한 해가 다르게 자라는 아이는 엄마의 도움에서 벗어나 스스로 해내고 있었다. 자신만의 작품에는 동생과 친구들과의 소통의 결과가 하나둘 쌓였다. 기웃거리며 모방하고 끄덕이며 창조하는 시간으로 아이의 손은 세상에서 하나밖에 없는 작품을 만들었다. 아이는 마을 학교에서 마을의 아이들과 함께 성장하고 있었다.

아이에게 알맞은 교육 환경을 준비하는 엄마들

"다중지능의 각 지능은 비교적 서로 독립적이기 때문에 한 영역의 지능이 높다고 해서 다른 영역의 지능이 낮다고 할 수 없다. 또한, 각 영역의 지능은 고정된 것이 아니라 다양한 교육 환경을 통해 발달할 수 있다."

한국 다중지능교육학회 회장을 역임하고 있는 윤옥인 저자는 그의 저서 「아이의 다중지능」(지식너머 출판)에서 이렇게 말했다. 아이들의 다중지능 발달을 위해서는 다양한 교육 환경이 그만큼 중요한 것이다. 아이들은 교실에서만 배울 수 있는 것이 아니었다. 마을의 놀이터에서도 배울 수 있고, 체험 학습을 통해서도 경험할 수 있었다. 그래서 2021년 '다중지능 그림책 교실'의 마지막 수업은 다양한 직업 체험을 할 수 있는 곳으로 아이들을 안내했다.

내가 마을 학교 선생님으로 아이들에게 추천한 직업체험관은 경기도 성남에 있는 '한국잡월드'였다. 잡월드는 유아부터 초등 4학년까지 체험할 수 있는 어린이 체험관과 초등 5학년 이상의 청소년이 입장하는 청소년체험관으로 나뉘어 있다. 마을 학교에 참여한 아이들은 주로 초등 1~3학년 친구들이었다. 모두 함께 가서 참여하면 더 좋았겠지만, 코로나 상황으로 단체이동은 조심스러웠다. 그래서 마을 학교에서 각 가정의 체험날짜에 맞추어 부모님과 아이의 티켓을 구입하고 배부했다. 어린이 체험관은 부모님도 함께 입장해야 했기 때문이다.

마을 학교의 아이들은 다양한 직업 체험을 마치고 사진을 보내왔다. 아이들은 사진 속에서 행복하게 웃고 있었다. 택배기사님이 되어 배송을 했고, 미용실에서 머리 장식을 하며 집중했다. 예쁜 한복을 입고 런웨이를 걷고 있었고, 자신이 만든 피자 한 판을 들고 함박웃음을 짓고 있었다. 사진을 보고 있는 나까지 더불어 행복했다.

"꿈단지 선생님들은 몇 가정이라도 일정을 맞춰볼까요?"
"함께 가면 아이들도 더 재밌어할 거예요. 안전하게 다녀와요."

드디어 약속한 날이 되었다. 오후 2시까지 잡월드 앞에서 만난 꿈단지 아이들은 모두 설렘으로 가득 찬 표정이었다. 아이들은 저마다 어린이 체험관의 시간표를 하나씩 들고 있었다. 엄마들을 아이들이 일주일 전부터 미리 체험시간을 계획하고 있었다고 전했다. 진짜 하고 싶은 일이 있는 아이들은 어른들이 시키지 않아도 주체적으로 움직인다는 것을 또 한 번 깨달았다.

체험관에 입장한 후에도 엄마들은 별로 할 일이 없었다. 아이들은 둘 셋씩 짝을 이루어 체험관 곳곳을 뛰어다녔다. 지도를 보면서 체험관의 위치를 파악하고, 시계를 확인하며 다음 체험을 예약했다. 체험실 앞의 의자에 기다리면서 체험관 선생님과의 소통도 직접 했다. 신청서에 이름을 작성하고, 필요한 준비도 척척 챙겼다. 그 모습을 바라보며 '언제 이렇게 자랐지? 대견하다'라는 생각을 계속했다. 엄마들은 그저 아이들의 체험 모습을 핸드폰에 남기는 일만 하면 됐다. 아이들이 성장하고 있음을 여실히 실감한 날이었다.

엄마들이 먼저 행복한 공간을 꿈꾸다

나의 꿈은 엄마들이 먼저 행복한 공간을 만드는 것이다. 나를 포함한 모든 엄마는 아이들이 몸도, 마음도 건강하게 성장하는 것을 원한다. 그 두 가지를 모두 이룰 수 있는 곳이 마을 학교였다. 마을 학교에서는 엄마들이 교육 주체자가 될 수 있으니 우리 아이들이 원하는 것을 미리 계획할 수 있었다. 내 아이와 더불어 마을의 아이들이 함께 성장할 수 있는 기회를 만들 수 있었다.

교실에서의 활동부터 마을의 공간 그리고 마을을 벗어난 체험활동까지 계획하고 펼쳐두면 아이들은 그곳에서 신나게 놀았다. 놀면서 즐거워했고, 엄마들은 그 모습을 바라보며 더 행복했다.

"우리가 어떤 일을 해내느냐, 그렇지 못하느냐 하는 것은 내 의식의 한계가 어디에 있느냐에 달려 있습니다. 공자는 '네가 스스로 한계선을 그은 것이다. 못하는 것이 아니라 안 하는 것이다'라고 이야기합니다" 「고전 읽기 독서법」 (임성훈 지음, 리드리드 출판).

엄마도 꿈을 꾸고 이룰 수 있다. 언젠가 이룰 것이라 미루고 있는 것이 있다면 그 한계선을 넘어서 보자. 내가 그어 놓은 한계선에 갇혀서 못하는 것이 아니라 안 하고 있는 것은 아닌가? 내가 마을 학교를 통해 나의 꿈을 하나씩 이뤄가는 것처럼 각자에게 알맞은 것으로 꿈을 향해 다가서면 된다. 한계선을 넘자. 당신은 꿈을 꾸고 해내는 사람이다.

초판 1 쇄 _ 2022년 10월 24일
지 은 이 _ 조현주
펴 낸 이 _ 김현태
디 자 인 _ 디자이너 장창호
펴 낸 곳 _ 따스한 이야기
등   록 _ No. 305-2011-000035
전   화 _ 070-8699-8765
팩   스 _ 02- 6020-8765
이 메 일 _ jhyuntae512@hanmail.net

따스한 이야기 페이스북, 인스타그램

https://www.facebook.com/touchingstorypublisher
https://www.instagram.com/touchingstory512

따스한 이야기는 출판을 원하는 분들의 좋은 원고를
기다리고 있습니다.

가격 14,000원